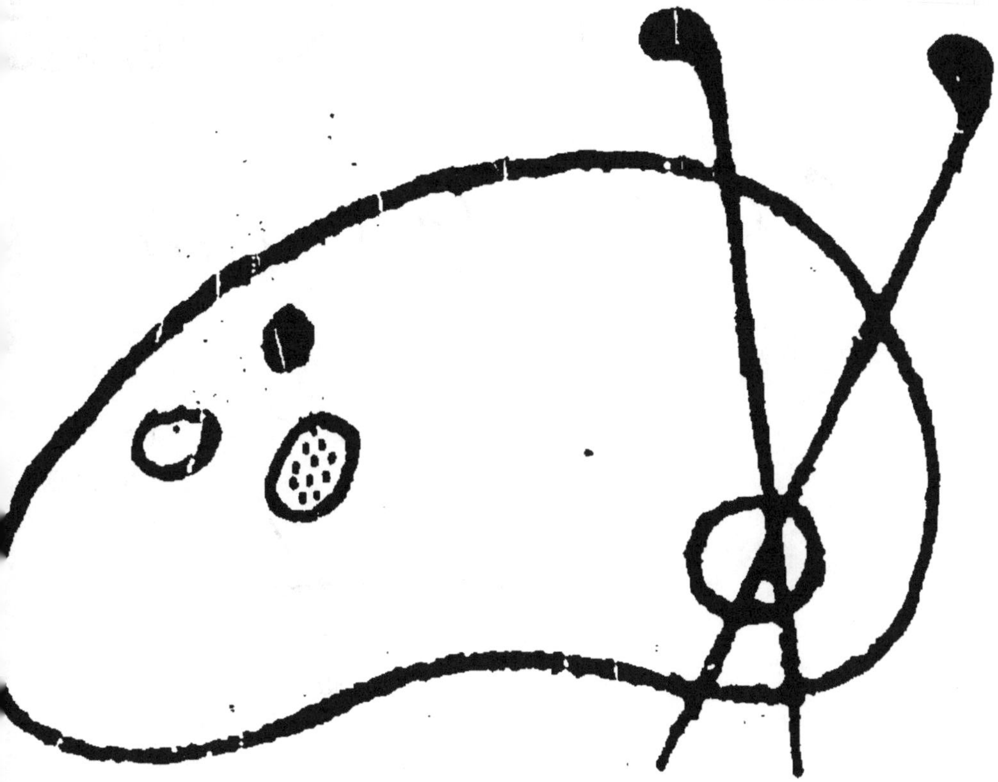

Début d'une série de documents en couleur

Conserver la Couverture

159

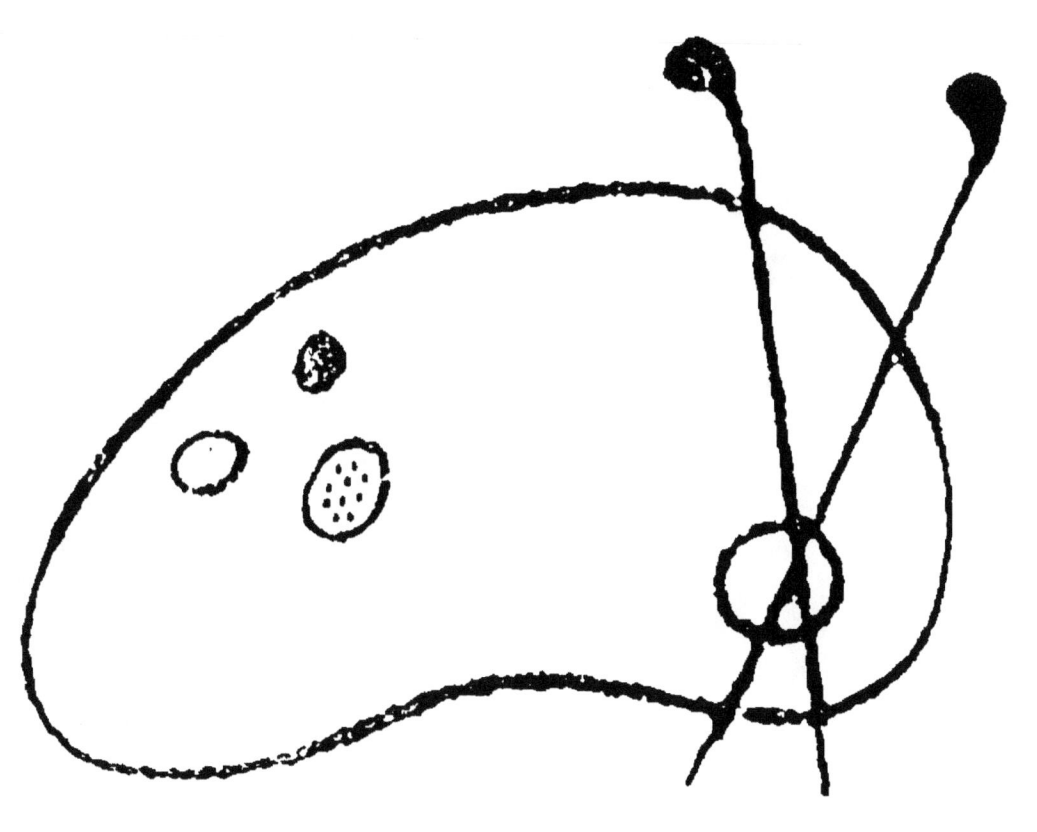

Fin d'une série de documents en couleur

CAUCHEMARS

G. CHARPENTIER et E. FASQUELLE, ÉDITEURS
11, RUE DE GRENELLE, PARIS

OUVRAGES DU MÊME AUTEUR
DANS LA BIBLIOTHÈQUE - CHARPENTIER
à 3 fr. 50 le volume.

LA CHANSON DES GUEUX, poésies (nouvelle édition)	1 vol.
LES CARESSES (poésies).	1 vol.
LES BLASPHÈMES (poésies).	1 vol.
LA MER poésies (nouvelle édition)	1 vol.
LA GLU (nouvelle édition).	1 vol.
MADAME ANDRÉ (nouvelle édition). . . .	1 vol.
LES MORTS BIZARRES (nouvelle édition) . .	1 vol.
MIARKA LA FILLE A L'OURSE (nouvelle édit.)	1 vol.
LE PAVÉ (nouvelle édition).	1 vol.
BRAVES GENS (nouvelle édition).	1 vol.
CÉSARINE (nouvelle édition)	1 vol.
LE CADET.	1 vol.
TRUANDAILLES	1 vol.

JEAN RICHEPIN

CAUCHEMARS

PARIS
BIBLIOTHÈQUE-CHARPENTIER
G. CHARPENTIER & E. FASQUELLE, ÉDITEURS
11, RUE DE GRENELLE, 11
—
1892

PFT! PFT!

PFT! PFT!

Dans un temps et dans un pays que je ne saurais préciser (car, en vérité, ce pays s'est appelé de tous les noms et ce temps est de tous les temps), il y avait une fois une femme dont je ne puis non plus vous donner la portraiture exacte.

Chacun, en effet, la voyait d'une façon différente, et chacun avait raison, puisqu'il la trouvait bien de cette façon-là.

Il faut vous dire, au reste, qu'elle ne faisait rien pour être jugée de telle ou telle manière. Elle se contentait d'être en réalité tout ce qu'on la croyait être, ne sachant pas elle-même ce qu'elle était.

Quelques sages insinuaient que sans doute

elle n'était rien ; et d'autres, plus sages encore, ajoutaient que de là précisément lui venait son charme. Ils la comparaient aux nuages, dont la féerie dépend du rêveur qui les contemple, et aux symphonies de la mer, où l'on entend la musique que l'on se chante en soi-même.

A coup sûr les susdits sages, en leurs comparaisons, n'étaient point trop bêtes. Et cependant, comme tous les sages, ils étaient de grands fous. Car ce rien, qu'ils traitaient si dédaigneusement de rien, était bien aussi quelque chose. Et la preuve, c'est qu'ils ne pouvaient pas ne pas s'en occuper, et qu'ils en cherchaient l'explication.

Beaucoup plus sages peut-être étaient les fous avérés qui ne cherchaient pas, eux, cette explication, et qui prenaient bonnement la femme mystérieuse pour ce qu'elle était, ou du moins pour ce qu'ils la croyaient être, et qui ainsi vivaient par elle et en elle.

Vivaient, oui, et mouraient aussi, hélas! Et mouraient après avoir préalablement souffert ces mille morts en détail qui s'appellent le désir déçu, la foi trompée, l'espérance brisée, l'amour jaloux, l'amour trahi.

Mais pourquoi cet *hélas?* Ces mille morts

en détail, n'est-ce pas précisément la vie? Et les amoureux se ruaient donc gaiement à leurs souffrances, et les savouraient, comme s'ils avaient pour devise ces vers d'un poète :

> Va, prends ma vie ; elle est à toi, je te la livre.
> Ecris ce qu'il te plait sur ce grand vélin blanc.
> Déchire, si tu veux, tous les feuillets du livre.
> Mange ma chair, bois mon esprit, vide mon flanc.
> Mais vivons ! C'est encor vivre
> Que de voir couler son sang.

Aussi bien, on doit le constater à la décharge de la femme mystérieuse, elle ne les faisait point souffrir de la sorte par cruauté.

Elle n'était pas plus méchante qu'autre chose. Elle avait même, en maintes occasions, des accès de tendresse, de compatissante bonté. Elle plaignait sincèrement ceux qu'elle allait rendre malheureux. Souventefois il lui arrivait de les avertir en toute loyauté, de leur dire :

— Vous savez que je ne vous aime pas.

À quoi on lui répondait généralement :

— Qu'importe ! Moi je t'adore.

Et vraiment, après cela, les gens qu'elle trompait et torturait, de quel droit pouvaient-ils se plaindre ?

A d'autres, sans doute, elle soupirait, toute pantelante :

— Je t'aime !

Puis, elle les trompait aussi. Mais elle avait alors cette excuse :

— Je m'étais trompée moi-même. Je croyais l'aimer. Ce n'est pas ma faute. Oh ! que je souffre de mon erreur !

Et elle disait cela si gentiment, et de si bonne foi, qu'il fallait bien, quand on était juge désintéressé, lui donner raison.

Au surplus, elle finissait toujours par tourner tout en rire, même ses propres souffrances, et d'autant mieux celles des autres. Le fonds de sa philosophie (car ce *rien*, en dépit de l'opinion des sages, avait sa philosophie), c'est qu'il ne fallait attacher d'importance à quoi que ce fût.

Elle n'avait pas le cœur dur, et avait un cœur, puisqu'elle pleurait à l'occurrence ; mais, le dos viré, elle ne pensait plus à sa peine, haussait les épaules, et *passait à d'autres exercices*, en faisant, avec un mignon mouvement de lèvres :

— Pft ! pft !

Si bien qu'un sage à la langue mauvaise avait fini par la surnommer *Madame Pft! Pft !*

Elle ne s'en fâcha pas. Au contraire, elle en tira vanité. Ce sobriquet lui semblait amusant. Même, en y réfléchissant à loisir (car ce *rien* réfléchissait), elle le jugea d'un emploi commode.

Au lieu de chercher désormais des excuses à sa conduite, au lieu de donner des explications à ceux qui l'interrogeaient comme un sphinx, elle leur répondit tout simplement :

— Pft ! pft !

Et alors le sage à la langue mauvaise se dit, en se grattant le front et en se congratulant de son génie inventeur :

— Diable ! Aurais-je, sans m'en douter, fait une grande découverte ? Aurais-je trouvé le mot de l'énigme ?

Il y pensa et y pourpensa longuement, tant et tant qu'il tomba éperdument amoureux de la femme mystérieuse dont il s'imaginait avoir élucidé le mystère.

A vrai dire, comme il était un sage et un savant, *id est* un de ces orgueilleux qui sont les plus habiles à se duper eux-mêmes, il ne voulut pas s'avouer qu'il était amoureux, et il se berça dans l'idée qu'il obéissait simplement à un devoir scientifique.

— Non, se répétait-il avec complaisance, je

ne suis pas séduit par cette poupée. Je tiens à l'étudier, voilà tout.

Or, ni plus ni moins que le vulgaire, il se mit à l'étudier en lui faisant la cour, en la désirant, en ayant soif d'elle ; et, somme toute, sous prétexte de passer cette âme au creuset, il s'occupa naïvement d'arriver à se couler à son tour au creux de ce lit où tant d'autres avaient fondu.

Ni plus ni moins que ce tant d'autres, il y fondit, le pauvre sage. Et il n'apprit rien de rien à y fondre, le déplorable savant.

Il ne sut pas même s'il était aimé.

Elle eût pu lui affirmer que non, ainsi qu'elle l'avait fait si loyalement avec tel ou tel. Mais avec lui, à cause des prétentions de devin et de malin qu'il affichait, elle s'amusa un peu à n'être pas franche. Quand il la questionnait, éperdu de passion, elle lui ripostait en souriant, les regards ailleurs :

— Pft ! pft !

Elle le trompa, cela va de soi. Mais, ce coup-ci, elle y mit de la malice et de la cruauté, on veut croire. Elle lui donna, en effet, pour rival heureux, un pur imbécile.

Il eût été assez lâche, le brave savant, pour le lui pardonner, si elle eût consenti à en faire l'aveu. Au besoin, même, il eût expliqué savamment cette dépravation de goût, expliqué jusqu'à l'excuse et l'absolution. N'est-ce pas un naturel effet de contraste, que la femme préfère une brute à un esprit d'élite ? Il eût prouvé cela magistralement, pour lui faire plaisir.

Mais elle ne lui laissa pas même cette consolation. Lorsqu'il lui demanda, en pleurant, s'il devait croire à ce rival, et lorsqu'il proposa piteusement à la coupable de la proclamer innocente, elle fit une pirouette et murmura :

— Pft ! pft !

Il connut alors toutes les rages de la jalousie et du désespoir. Il en vint à concevoir les plus criminels projets. Il ne les cacha pas, et la menaça de l'en rendre responsable.

— Oui, criait-il, ce rival à qui tu me sacrifies, je le tuerai.

Elle secoua la tête, en signe qu'elle ne croyait pas à ce dessein sanguinaire ; puis elle ajouta :

— Et d'ailleurs, quand même cela serait, pft ! pft !

Transformé en bête féroce, le savant se montra plus brute que la brute aimée. Il s'embusqua un soir, l'égorgea, dépeça le malheureux, lui arracha le cœur de la poitrine, et vint jeter aux pieds de la femme cet horrible trophée encore tout palpitant.

Certes, cette fois, elle fut épouvantée, un peu. Mais, un éclair de triomphe ayant lui dans l'œil de l'assassin, elle ne voulut pas reconnaître ce triomphe. Elle se raidit contre sa terreur, contempla tranquillement le hideux morceau de chair rouge, le retourna du bout de son ombrelle, et fit avec une gracieuse moue :

— Pft! pft!

— Oh! monstre, monstre, s'écria le savant, je te tuerai donc, toi aussi. Oui, je te tuerai. Je veux savoir si tu en as un, de cœur, et ce qu'il y a dedans, enfin. Et je le saurai. Je le veux. Je le veux.

Il avait le regard égaré, les mains tremblantes.

— Ce qu'il y a dans mon cœur? répondit-elle sans s'émouvoir. Je vais te le dire, ce qu'il y a. Oh! c'est bien simple, va. Il y a ceci.

Et, lui soufflant au nez, elle lui jeta encore son railleur :

— Pft! pft!

Alors, il perdit complètement la raison. De ses deux mains aux doigts crispés, il empoigna le cou de la femme, ce cou si blanc, si délicat, qu'il adorait, et il le serra sans pitié, longtemps, longtemps.

Elle n'eut pas la force de crier. Elle se débattit à peine, comme un oiseau qu'on étouffe. Mais, en mourant, son dernier soupir s'exhala ainsi qu'une suprême réponse ; car l'imperceptible haleine disait encore :

— Pft ! pft !

— Enfin ! rugit le savant, quand elle fut bien trépassée. Enfin, tu ne le diras plus, ce *pft ! pft !* Tu ne te moqueras plus de mon amour, ni de la science. Et, comme je t'ai étudiée vivante, je vais bravement t'étudier morte.

Il se mit à la disséquer en conscience, espérant constater le *rien* qu'elle était, et il se convainquit qu'elle était réellement ce *rien*, puisque nulle part il ne trouva en elle l'âme qu'il lui niait.

Et cela le rendit joyeux.

Pour perpétuer cette joie et garder le témoignage toujours présent de sa victoire, l'implacable savant s'ingénia. Ou plutôt, sans qu'il y prît garde, l'inconsolable amant eut cette idée fantastique de *tanner* la femme mystérieuse et de lui redonner comme une forme vivante.

Car il l'aimait toujours !

Et plus que jamais il l'aima, quand il eut regonflé cette abominable dépouille. Dans son aberration adorante, il la trouva belle encore, et s'agenouilla devant elle, et lui demanda pardon.

Que ne peut faire la folie ?

Éperdu, aliéné, il en vint à désirer de nouveau ce mannequin de peau plein de vent. Et, dans une rage de rut, il se jeta sur cette horreur pour la posséder.

Et soudain, comme ses bras amoureux pressaient frénétiquement cette outre, comme ses dents la mordaient dans de farouches baisers, une déchirure se fit, et, par ces lèvres monstrueuses, un long sifflement s'échappa, lui cinglant le visage de cette ironie posthume :

— Pft ! pft !

UNE AVENTURE

UNE AVENTURE

« Allons donc ! s'écria Pierre Dufaille en haussant les épaules ; allons donc ! Qu'est-ce que vous nous chantez là, qu'il n'y a plus d'aventures? Dites qu'il n'y a plus d'aventureux, à la bonne heure ! Oui, personne aujourd'hui n'ose se fier au hasard. Dès qu'il y a quelque part une pointe de mystère, une odeur de danger, on renâcle. Mais quand on veut bien se laisser faire, aller à l'aveuglette, courir bravement à l'arrive-qui-plante, on en trouve, des aventures. Et moi-même, tel que vous me voyez, moi qui n'en cherche pas, j'en ai bel et bien rencontré une dans ma vie, et une corsée, je vous en réponds.

J'étais à Florence, en voyageur, et en voyageur sage. Tout ce que je me permettais, en fait d'aventure, c'était d'écouter par-ci par-là les propositions déshonnêtes dont les étrangers sont poursuivis, sur la place de la Signoria, le soir, par de braves Pandarus à tête de prêtres vénérables. Ces excellentes gens vous conduisent en général dans leur famille, où la débauche se passe d'une façon très simple et presque patriarcale. Le dernier des bonnetiers s'y risquerait sans peur, les yeux clos.

Un jour, comme je contemplais, pour la vingtième fois au moins, devant la Loggia dei Lanzi, l'admirable Persée de Benvenuto, je me sentis soudain tiré par la manche, d'une main pressée, quasi impérieuse. En me retournant, je me trouvai face à face avec une dame d'une cinquantaine d'années, qui me dit, d'une voix baragouinante au rude accent tudesque :

— Fus èdes Vrançais, n'est-ce pas, monsieur ?

— En effet, lui répondis-je.

— Et, ajouta-t-elle, fulez-fus guger afec une drès cholie vame ?

Cette fois, c'est en riant que je ripostai :

— J'te crois.

La mine et la mise graves de l'entremetteuse, l'étrangeté de cette botte poussée en plein jour et dans le plus baroque *schoufflick*, rien n'était plus drôle. Mais ce fut bien pis, quand la sérieuse Allemande me dit tout à trac :

— Est-ze que fus safez vaire dut ze g'on vait à Paris ?

— Et quoi donc, lui demandai-je, ahuri; quoi donc, ma bonne dame? Que diable fait-on à Paris, qu'on ne fasse pas ailleurs?

C'est sans rougir le moins du monde, et comme si elle répétait des mots qu'elle ne comprenait point, d'un air solennel, qu'elle répliqua :

— Dudes les gogconneries vrançaises.

Ma foi! vous, qu'auriez-vous répondu, à ma place? On met son amour-propre où l'on peut, pas vrai? Moi je répondis crânement :

— Oui, madame, toutes, sans exception.

A vrai dire, moins immodeste que la dame, je rougis un peu. Mais pas longtemps ; car, aussitôt après, je dus pâlir, lorsqu'elle reprit :

— Che beux m'en certivier en bersonne?

Cela, toujours sans se départir de son flegme, qui maintenant ne me semblait plus si comique, et me faisait plutôt peur, un tantinet.

— Comment, m'écriai-je, en personne ! Vous, madame ! Expliquez-vous.

Si j'avais déjà été légèrement surpris jusque-là, je fus tout à fait étonné par son explication. Parole, c'était une aventure. Cela tournait au roman. Je ne pouvais en croire mes oreilles. Voici de quoi il s'agissait. Je vous fais grâce de son charabia.

Elle était femme de confiance, de compagnie, chez une dame du plus grand monde, qui avait envie d'être initiée aux plus secrets raffinements de la corruption parisienne et qui me faisait l'honneur de me choisir pour cette besogne. Seulement, on voulait d'abord être sûre que j'étais digne de cette mission, et c'est la femme de confiance qui était chargée du contrôle.

Une façon d'examen préalable, quoi ! Je passais à l'état de petit Florus, si j'ose m'exprimer ainsi.

— Parbleu, pensais-je, elle n'est pas si bête qu'elle en a l'air, cette vieille bringue d'Allemande ! Elle me conte là des contes à dormir debout, histoire de se payer ma figure. C'est un joli lapin qu'elle veut me poser.

Et, tout en ricanant sous cape, j'écoutais distraitement ce qu'elle ajoutait pour me décider :

— Ma maîdresse est la blis cholie vâme g'on

beut rêfer. Une fraie peaudé. Brindemps ! Vleur !

— Mais, pardon, repris-je, si votre maîtresse est réellement un printemps, une fleur, vous (excusez-moi d'être sincère), vous, ce n'est pas absolument la même chose ; et ce qu'elle demande pour elle, je ne serais peut-être pas aussi en train pour vous en gratifier, vous, chère madame.

Elle fit un bond en arrière, stupéfaite à son tour.

— Mais, s'écria-t-elle, che tois m'en certivier en personne bar mes yeux zeulement, bas bar guger afec fus.

Et elle termina son explication, demeurée incomplète tout à l'heure. Elle avait simplement pour devoir de m'accompagner chez la Patata, rue des Belles-Femmes (une maison que je vous recommande, entre parenthèses), et là, de me payer la plus agréable fille de l'établissement et d'assister à mes ébats.

— Allons, pensais-je, je m'étais trompé sur le genre de goût de la brave dame. C'est bien une vieille passionnée, comme je m'en doutais. Mais c'est une spécialiste. Intéressante, ma foi ! Je n'avais jamais rencontré ça, une voyeuse !

Ici, messieurs, je vous demande la permission de me voiler un instant la face. Ce que j'ai fait n'est évidemment pas d'une moralité à tout casser et j'en éprouve quelque honte. Mon excuse, c'est que j'étais jeune, que la Patata est une maison célèbre, dont j'avais entendu dire des merveilles et dont l'entrée était interdite à mon maigre budget. Cinq louis la nuit, fichtre ! Je ne pouvais pas m'offrir ça. J'acceptai donc que la bonne dame me l'offrît. C'est dégoûtant, je ne dis pas non. Mais enfin, qu'est-ce que vous voulez ? Et puis, en somme, après tout, la vieille était Allemande, n'est-ce pas ? Et c'était toujours une petite restitution de cinq louis sur nos cinq milliards.

Bref, la pensionnaire de Patata était délicieuse, l'examinatrice de Florus eut la discrétion de ne pas se montrer trop encombrante, et votre serviteur très humble soutint de son mieux la vieille renommée de la galanterie française. J'ose même dire « de la galantine française » ; car la vieille dame, en me donnant rendez-vous pour le surlendemain devant le Persée, daigna reconnaître que j'étais effectivement *drès gogeon*.

Buvons la honte jusqu'à la lie ! Le surlendemain, messieurs, à l'heure dite, j'étais devant le Persée. C'était infâme, j'en conviens. Je prenais goût par trop à la restitution partielle des cinq milliards. Je tournais au maquereau, je ne saurais me le dissimuler. C'est étonnant comme le Français manque de dignité en voyage !

A l'heure dite, la bonne dame apparut. Il faisait nuit noire. Je la suivis sans prononcer une parole ; car, tout de même, au fond, je n'étais pas très fier du métier que je faisais. Mais si vous saviez comme elle était gentille, la petite de chez Patata !

Tout en marchant, je ne songeais qu'à elle, pour m'étourdir, et ne prenais pas garde au chemin que nous faisions. Je ne m'éveillai de cette déambulation rêveuse qu'en entendant la vieille me dire :

— Nus y foilà. Dâgez d'êdre aussi gogeon qu'afant-hier.

Nous n'étions pas rue des Belles-Femmes, au seuil de la Patata, mais dans une ruelle longeant le derrière d'un grand palais aux raides murailles. Devant nous s'ouvrait, poussée doucement par la vieille, une porte basse.

J'eus un mouvement de recul. Apparemment, la voyeuse était aussi une passionnée pour son compte ! Elle m'avait amené dans un traquenard! Elle voulait, sans nul doute, se régaler à son tour de mes petits talents! Ah! mais non, ce n'était plus de jeu!

— Endrez, endrez tonc, disait-elle. Qu'afez-fus grainde? Ma maîdresse est si cholie, si cholie, pien blis cholie que la bedide l'audre chour.

Ah! çà, c'était donc vrai, cette histoire des Mille-et-Une-Nuits? Et pourquoi pas? Et qu'est-ce que je risquais, somme toute? La pauvre bonne dame ne me violerait toujours pas, hein?

Et j'entrai, quoique en serrant un peu les fesses.

Ah! mes amis, quelle heure j'ai passée alors! La pleine nuitée chez la Patata ne la vaut pas, cette heure-là. Une heure de paradis! Inutile, impossible, de vous la décrire. Une chambre princière, et, dans le lit de cette chambre, une princesse de contes de fées, une fée elle-même. Une Allemande exquise comme quand les Allemandes se mettent à être exquises. Une ondine d'Henri Heine, avec des cheveux de sainte Vierge, des yeux de pervenche tout naïfs, une peau de crème et de fraise, et le diable au corps, une rage de curiosités perverses, une folie de tout apprendre, de tout subir, de tout faire!

— Surdout, m'avait dit la vieille en me laissant au seuil de la chambre, surdout ne manguez bas te lui rébéder dut le demps gue fus l'aimez et gue fus êdes Vrançais. Et griez le dut haut, dut haut.

Et, sans penser à ce qu'il y avait de ridicule dans cette consigne, je la remplis strictement, frénétiquement; car je m'aperçus tout de suite que les caresses devenaient plus ardentes, plus extatiques, presque sauvages, chaque fois que je poussais les exclamations commandées :

— Je t'aime ! Je t'aime ! Je suis Français.

Mon amoureuse alors se pâmait, se tordait de volupté, et criait d'une voix vibrante, avec des intonations de folle :

— Vrançais ! Vrançais ! Il est Vrançais ! Fife la Vrance !

Et j'étais comme fou moi-même; car, au lieu de me paraître simplement grotesque (et ça l'était), cela me jetait dans un paroxysme de rut étrange et insane.

Brusquement, l'ondine se dressa, la face maintenant comme convulsée de fureur et d'orgueil. Puis, toute nue, elle se précipita vers une tenture derrière laquelle elle disparut et se mit à vociférer en allemand des paroles torrentueuses que je ne compris pas.

J'étais resté sur mon séant, tout abasourdi.

A ce moment, la vieille rentra et me dit en bredouillant de peur :

— Fite, fite, hapillez-fus et bardez, si fus ne fulez pas être dué.

Je ne demandai pas mon reste. A quoi bon chercher à comprendre ? D'ailleurs, la vieille, de plus en plus terrifiée, ne trouvait plus ses mots en français et hachait de la paille éperdument. Quatre à quatre, je sautai dans mes souliers et ma culotte, puis dans l'escalier, de là dans la rue, où je continuai à me vêtir tout en courant.

Je repris haleine et conscience dix minutes plus tard, sans savoir par où j'avais passé, ni d'où je venais. Je rentrai dans mon hôtel furtivement, comme un malfaiteur.

Le lendemain, au café, il n'était bruit que d'un crime commis pendant la nuit. Un baron allemand avait tué sa femme à coups de revolver. Il était libre sous caution, s'étant réclamé de son consul à qui, du reste, il avait fourni l'explication suivante, certifiée véridique par la femme de compagnie de la baronne.

La baronne avait été mariée quasi de force

et détestait son mari, contre qui, paraît-il, elle avait des motifs de haine particuliers (on ne disait pas lesquels). Pour se venger de lui, elle l'avait fait empoigner, lier et bâillonner par quatre bravi (qu'on avait retrouvés, en effet, et qui avaient avoué). Ainsi réduit à l'immobilité, sans défense, le baron avait été obligé d'assister à une scène d'orgie où sa femme s'était prostituée à un Français, en outrageant à la fois et la fidélité conjugale et l'honneur allemand. Remis en possession de ses mouvements, le baron avait châtié la criminelle. Il cherchait maintenant le complice.

— Et, demanda quelqu'un à Pierre Dufaille, qu'as-tu fait ?

— Dame, répondit Pierre Dufaille, ce que j'avais à faire. Je me suis mis à la disposition du pauvre bougre. C'était son droit. Nous nous sommes battus en duel. Hélas! au sabre. Il m'a traversé de part en part d'un coup de pointe. C'était encore son droit. Mais il a outrepassé son droit, quand il a parlé sur le terrain, où il m'a chargé en me traitant de *gogeon*. Alors je lui ai rendu la monnaie de sa pièce, et en tombant je lui ai crié, de tout ce qui me restait de force : « Vrançais ! Vrançais ! Fife la Vrance ! »

IMMORALITÉ

IMMORALITÉ

Le vieux comte de Chamburlier alluma lentement son cigare, se mit à califourchon sur sa fumeuse, et commença en ces termes :

— Monsieur mon neveu, vous me rendrez cette justice, que je n'ai jamais joué avec vous le rôle d'un oncle de comédie, quoique je sois aussi oncle à héritage qu'il est possible de l'être. Cet héritage, vous n'avez même pas l'ennui de l'attendre, puisque je partage avec vous mes revenus. De mon côté, je dois vous rendre cette justice, que vous avez pendant dix ans dépensé ces revenus comme je le désirais, en loyal neveu qui fait bravement la fête. Ainsi, jusqu'à l'année dernière, nous n'avions qu'à nous louer l'un de l'autre.

— Monsieur mon oncle, interrompit Raoul, je ne vois pas pourquoi nous cesserions. Quant à moi, je vous garde les mêmes sentiments.

— Moi pas, monsieur, répliqua le comte, et je crois que tout à l'heure vous changerez aussi d'avis. Laissez-moi continuer.

Raoul s'assit mélancoliquement. Il pressentait bien de quoi le comte était mécontent depuis l'année dernière. Déjà par deux fois cette question avait été débattue entre eux. Il s'agissait de la grande Constance, une vieille-garde à laquelle Raoul s'était acoquiné. Le comte ne goûtait pas ce collage, avait essayé d'en détourner Raoul, n'y avait pas réussi, puis avait paru n'y plus penser, car il n'en avait pas reparlé depuis six mois. Mais Raoul connaissait trop bien son oncle pour ne pas avoir compris tout de suite, au ton cérémonieux de la conversation, qu'on allait remettre la chose sur le tapis. Et l'obstination du comte l'attristait, n'étant pas moins obstiné lui-même dans son acoquinement.

— Mon cher, reprit le comte, vous m'avez donné, il y a six mois, pour excuser votre liaison avec Constance, des raisons qui m'ont beaucoup fait réfléchir. J'en ai conclu tout d'abord que vous n'étiez point doué, comme je le croyais, pour l'existence à laquelle je vous avais destiné, trop légèrement, je l'avoue. La fête n'est pas votre affaire. Je m'étais trompé. Vous êtes né pour le mariage.

— Oh! se récria Raoul. Pour le mariage! Allons donc! Vous pensez cela, mon oncle?

— Comme je vous le dis, mon neveu. Voyez plutôt, je vous prie. Vous aviez des maîtresses. Vous en changiez. Vous alliez de fantaisie en fantaisie. Vous étiez bien tel que je souhaitais, tel que j'ai toujours été moi-même. En un mot, vous étiez digne de moi, et, ainsi qu'on dit dans le commerce, vous preniez la suite de mes affaires. J'étais ravi. Tout à coup, vous vous rangez. Vous n'avez plus qu'une maîtresse. Elle vous chambre. Vous vous trouvez bien de ce régime. Qu'est cela, je vous le demande, sinon un accès de mariage? Car enfin, vous m'avez déclaré, il y a six mois, que vous ne pouviez pas vous passer de Constance, n'est-ce pas?

— J'en conviens, mon oncle. Mais convenez, en revanche, que je vous ai très franchement expliqué pourquoi. Si vous n'êtes en rien un oncle de comédie, je ne me suis pas conduit non plus en neveu dramatique. Je ne vous ai déclamé aucune tirade sur la force invincible de la passion, sur les vertus incomprises de Constance. Je n'ai point prétendu la réhabiliter. Je n'ai point prononcé une seule fois le mot : *idéal!* Je vous ai dit, en toute simplicité, que Constance était devenue très vite pour moi une habitude. Je me rappelle même vous avoir, à ce propos, fait une comparaison dont la justesse vous a frappé.

— Très vivement, oui, interrompit le comte. Vous m'avez demandé si je me passerais aisément de telle marque de cigare ou de liqueur à laquelle je suis accoutumé.

— Et vous m'avez alors répondu...

— Je vous ai répondu qu'en effet il me serait difficile...

— Vous voyez bien !

Le comte huma délicieusement une bouffée de son havane, but à petites gorgées un demi-verre de son vieux cognac, et dit :

— Cela aussi, mon cher, m'a fait beaucoup réfléchir. Je ne suis pas un entêté, moi. Je prends en considération les bons arguments. J'ai donc compris que vous n'aviez pas tout à fait tort.

Le visage de Raoul s'illumina. La chose tournait mieux qu'il n'avait cru ! Décidément, l'oncle était toujours son bon oncle, et le début du colloque n'avait été cérémonieux que par plaisanterie ! Le comte voulait sans doute faire à son neveu quelque agréable surprise ! Ah ! le cher oncle !

— Toutefois, reprit le comte, j'ai tenu à savoir jusqu'à quel point vous n'aviez pas tort. Que je ne puisse pas me déshabituer sans grande souffrance, que je ne puisse même pas du tout me déshabituer, de mes cigares et mon cognac, voilà qui est entendu. Encore faut-il reconnaître, et vous le reconnaissez tout le premier, que mes cigares et mon cognac méritent cet attachement. Vous les appréciez comme moi, autant que moi, n'est-il pas vrai ?

Raoul, pour toute réponse, se versa religieusement un petit verre, et à son tour alluma un *colorado* en levant les yeux au ciel avec extase.

— Car, continua le comte, vous avez à peu près les mêmes goûts que moi, et nous sommes généralement d'accord sur le choix des bonnes choses. Il vous est même arrivé, et souvent (et je ne vous le reproche pas, grand Dieu !) de me souffler des maîtresses, tellement ce qui me plaît a chance de vous plaire.

Raoul sourit et jeta négligemment :

— J'entends, mon oncle, et moi non plus,

grand Dieu ! je ne vous ferai aucun reproche. Bref, vous avez voulu... goûter à Constance.

— Regoûter, mon neveu, regoûter ! riposta le comte non moins souriant. Je l'ai pratiquée autrefois, en effet, avant vous, et avant bien d'autres, et après aussi, vous le savez.

— Je le sais, mon oncle. Et permettez-moi de vous répéter ce que je vous ai dit déjà, si sincèrement, il y a six mois : que je ne suis en aucune façon jaloux de Constance. Pas plus, j'y insiste, que vous ne l'êtes de vos cigares et de votre cognac, dont vous aimez à régaler vos amis. Donc, si votre expérience vous a causé le moindre scrupule...

— Pas le moindre, mon cher. Connaissant vos principes, qui sont les miens, c'était tout naturel, n'est-ce pas ?

— Tout naturel, mon oncle. J'oserai même ajouter qu'ici vous accomplissiez une sorte de devoir. Il s'agissait pour vous de juger, en toute impartialité et sciemment, si j'étais oui ou non emballé à faux. C'est bien ainsi que vous l'avez compris, j'en suis sûr, et que je le comprends, vous n'en doutez pas.

— Touchez là, mon cher, fit le comte en lui tendant la main. Vous êtes encore un peu digne d'être mon neveu.

— Et, reprit Raoul, quel a été le résultat de votre... dégustation.

— Bon, répondit le comte, très bon, très supérieur à celui que j'attendais, tout à fait concluant en votre faveur, je le confesse. Cette Constance a singulièrement gagné en vieillissant.

— Comme votre cognac, mon oncle.

— Vous l'avez dit, mon neveu.

— Alors, puisque vous êtes là-dessus de mon avis...

— Absolument de votre avis, plus même que vous ne pensez.

A la façon sarcastique dont le comte accentua ces derniers mots, Raoul eut un petit frisson. Il venait brusquement de se rappeler ce que le comte avait dit tout à l'heure :

— Vous êtes né pour le mariage.

— Est-ce que, pensa-t-il, il voudrait me faire épouser Constance ? Diable ! il est d'une immoralité charmante, sans doute ; moi aussi ; mais pas jusque-là, cependant.

Et c'est avec un sourire contraint, cachant mal sa secrète épouvante, que Raoul balbutia :

— Ah ! oui, je conçois. J'y suis. C'est très drôle, en vérité, oui, très drôle, mon cher oncle. Vous avez des façons de plaisanter à froid, en pince-sans-rire. Plein d'*humour*, certes, plein d'*humour!* Et, dire que je m'y suis laissé prendre!... Non, là, suis-je bête!

— Assez bête, en effet, j'en ai peur! répliqua le comte. Car vous me semblez n'avoir rien compris du tout. Voyons, voyons, mon cher neveu, rassemblez tout ce que vous avez de jugeotte, et récapitulons. Je reviens à mon point de départ.

— Quel, mon bon oncle?

— Que vous êtes fait pour vous marier.

— J'admets, à la rigueur.

— Donc, je vous marie. Je vous constitue une dot très sortable. Vous êtes un parti superbe. Je vous marie, vous dis-je.

— Mais je ne veux pas.

— Comment, vous ne voulez pas? Vous n'êtes donc pas logique?

— Me marier avec une femme qui a été la maîtresse de tous mes amis, de vous-même, mon oncle! Ah! la plaisanterie dépasse les bornes, cette fois! Moquez-vous de moi tant qu'il vous plaira. Vous en avez le droit, sans doute. Mais enfin mon habitude de Constance ne va pas jusqu'à vous permettre de supposer que je consentirais à...

IMMORALITÉ 37

— Eh ! qui vous parle d'épouser Constance, bon Dieu ?

— Dame ! Il me semble que la conclusion naturelle de vos paroles..., que vous m'avez assez clairement laissé entendre...

— Mais vous n'y êtes pas du tout, du tout, mon pauvre neveu. Vous y êtes de moins en moins. Ce n'est pas avec Constance que je veux vous marier.

— Avec qui donc ?

— Je n'en sais rien. Je m'en rapporte à votre choix. Vous épouserez qui vous conviendra, n'importe qui, excepté précisément Constance, puisque...

— Puisque quoi, mon excellent oncle ?

— Puisque Constance, mon excellent neveu, c'est moi-même qui l'épouserai.

— Vous ?

— Moi.

— Parce que ?

— Parce que vous aviez raison, mon cher Raoul, parce que cette mâtine-là vous a un je ne sais quoi, un goût de revenez-y.

— Comme votre cigare et votre cognac.

— Juste. Et alors, vous concevez bien, moi non plus, maintenant, je ne peux plus m'en passer.

— Mais, mon cher oncle, qui nous empêche de...

— De la partager, hein ?

— Oui, comme vos cigares et votre cognac.

— J'y avais pensé, mon cher neveu. Mais elle n'y consent pas. Elle veut faire une fin honorable. Elle l'exige, entendez-vous ? elle l'exige.

— Et vous acceptez ?

— Dame !

Le comte prit les deux mains de Raoul, les serra très tendrement, et dit :

— Il faut me pardonner, voyez-vous. A votre âge, on a encore la force de rompre une pareille habitude. Mais au mien, mon cher enfant, au mien, est-ce possible ?

L'HOMME AUX YEUX PÂLES

L'HOMME AUX YEUX PÂLES

Monsieur le juge d'instruction Pierre-Agénor de Vargnes est absolument le contraire d'un mauvais plaisant. C'est la dignité, le sérieux, la correction en personne. Comme homme grave, tout à fait incapable de commettre, même d'imaginer, fût-ce en rêve, quoi que ce soit pouvant ressembler, fût-ce de loin, à une fumisterie, je ne vois guère, pour lui être comparé, que le président actuel de la République française. Inutile, je pense, d'insister.

Cela connu, on comprendra sans peine que j'aie senti passer en moi le frisson de la petite mort lorsque M. Pierre-Agénor de Vargnes me fit l'honneur de me raconter l'histoire suivante.

Un jour de l'hiver dernier, vers les huit heures du matin, comme il allait sortir de chez lui pour se rendre au Palais, son valet de chambre lui remit une carte de visite ainsi libellée :

LE DOCTEUR JAMES FERDINAND
*Membre de l'Académie de médecine
de Port-au-Prince,
Chevalier de la Légion d'honneur.*

Dans le bas de la carte il y avait, écrit au crayon : *de la part de Mme Frogère.*

M. de Vargnes connaissait fort bien cette dame, très aimable créole d'Haïti, qu'il rencontrait dans plusieurs salons. D'autre part, si le nom du docteur n'éveillait en lui aucun souvenir, la qualité seule du personnage et ses titres, même sans la recommandation de Mme Frogère, exigeaient la politesse d'un accueil, quelque bref qu'il dût être. Aussi, quoique pressé de sortir, M. de Vargnes donna-t-il au valet de chambre l'ordre d'introduire ce visiteur si matinal, tout en le prévenant que le Palais réclamait M. le juge, dont les minutes étaient comptées.

A l'entrée du docteur, M. de Vargnes ne put, malgré son habituelle impassibilité, retenir un mouvement de surprise.

Le docteur, en effet, présentait cette étrange anomalie, d'être un nègre du plus beau noir avec des yeux d'homme blanc, de blanc extrêmement septentrional, des yeux bleus très pâles, très froids, très clairs.

La surprise de M. de Vargnes redoubla, quand le docteur, après quelques mots d'excuses sur l'heure indue de sa visite, ajouta en souriant d'un sourire énigmatique :

— Mes yeux vous étonnent, n'est-ce pas, monsieur ? J'étais sûr qu'ils vous étonneraient. Et, à vrai dire, je ne suis venu ici que pour vous les faire bien regarder, afin que vous puissiez ne les oublier jamais.

Le sourire, et la phrase encore plus que le sourire, semblaient d'un fou. Cela, d'ailleurs, était dit fort doucement, de cette voix enfantine, zézayante, particulière aux nègres, avec les *r* s'écrasant sous la langue en flûtements mouillés. Et, dans ce gazouillis, les paroles au sens mystérieux, presque menaçant, n'en avaient que mieux l'air d'être proférées au hasard par un être dénué de raison.

Mais le regard, lui, le très pâle, très froid

et très clair regard des yeux bleus, il n'était pas d'un fou, certes. Il disait nettement la menace, en vérité, oui, la menace, et aussi l'ironie, et par-dessus tout une férocité implacable. Ce ne fut qu'un éclair, mais flamboyant, de façon qu'on ne pût, en effet, jamais l'oublier.

— J'ai vu, ajoutait M. de Vargnes en en parlant, j'ai vu bien des regards d'assassin, et à fond. En aucun cependant comme en celui-là je n'ai plongé jusqu'à une telle profondeur de crime et d'impudente sécurité dans le crime.

L'impression fut si forte que M. de Vargnes crut alors être le jouet d'une hallucination, d'autant que le docteur, sa phrase prononcée, continuait en souriant de plus belle et avec son accent le plus puéril :

— Vous devez, monsieur, ne rien comprendre à ce que je vous dis là. De cela aussi, veuillez m'excuser. Demain vous recevrez une lettre qui vous expliquera tout. Mais il était nécessaire que d'abord je me fisse voir à vous, ou du moins que je vous fisse voir, bien voir, tout à fait voir, mes yeux qui sont moi, mon seul et vrai moi, comme vous en jugerez.

Après quoi, sur un salut d'une suprême distinction, le docteur s'était retiré, laissant M. de Vargnes, abasourdi, en proie à ce doute :

— Ne serait-ce qu'un aliéné ? La féroce expression, la profondeur criminelle de ce regard auraient-elles pour cause unique le bizarre contraste de la face ténébreuse et des yeux si pâles ?

Ainsi absorbé, M. de Vargnes laissa malheureusement s'écouler quelques minutes. Puis, tout d'un coup :

— Mais non, non, pensa-t-il, je ne suis le jouet d'aucune hallucination. Il n'y a là aucun phénomène d'optique. Cet homme est évidemment un scélérat effroyable. J'ai failli à tous mes devoirs en ne l'arrêtant pas moi-même, séance tenante, illégalement, au risque de ma vie, qu'importe !

Et le juge s'était précipité dans l'escalier, à la poursuite du docteur. Mais trop tard ! L'autre avait disparu.

M. de Vargnes se présenta dans l'après-midi chez Mme Frogère, pour lui demander quelques éclaircissements. Elle ne connaissait pas le moins du monde le docteur nègre et pouvait même certifier que le personnage était fictif ; car, très au courant de la haute société haïtienne, elle savait pertinemment que l'Académie de médecine de Port-au-Prince ne comptait parmi ses membres aucun docteur de ce nom.

M. de Vargnes insistant et donnant le signalement du docteur, avec mention spéciale de ses yeux si extraordinaires, Mme Frogère se mit à rire et dit :

— Vous avez certainement eu affaire, cher monsieur, à un mystificateur. Les yeux que vous me décrivez là sont des yeux de blanc, sans doute possible. L'individu devait être barbouillé.

Rappelant alors tous ses souvenirs, M. de Vargnes reconnut que le docteur, en effet, n'avait guère du nègre que la noirceur, la chevelure et la barbe en toison, le parler facile à contrefaire, mais nullement le type, ni même l'allure onduleuse si caractéristique. Peut-être bien, donc, n'était-ce qu'un mauvais farceur. Tout le jour, M. de Vargnes se complut dans cette idée, qui blessait un peu sa dignité d'homme grave, mais qui apaisait ses scrupules de magistrat.

Le lendemain, il recevait la lettre promise. Elle était écrite, ainsi que l'adresse, en mots imprimés découpés dans des journaux. La voici :

« Monsieur,

« Le Dr James Ferdinand n'existe pas ; mais l'homme, dont vous avez vu les yeux, existe, et vous le reconnaîtrez sûrement à ces yeux-là. Cet homme a commis deux crimes. Il n'en a pas de remords. Seulement, étant psychologue, cet homme a peur de céder quelque jour à l'impérieuse tentation de confesser ses crimes. Vous savez mieux que personne (car c'est là votre aide le plus puissant) avec quelle force irrésistible les criminels, les *intellectuels* surtout, éprouvent cette tentation. Le grand Edgard Poe a écrit là-dessus des chefs-d'œuvre qui sont l'exacte notation de la vérité. Toutefois il a oublié de noter le phénomène ultime, dont je vais vous instruire, monsieur le juge d'instruction. Oui, moi, criminel, j'ai besoin, épouvantablement besoin, que quelqu'un sache mes crimes. Mais, ce besoin satisfait, mon secret révélé à un confident, je suis tranquille à jamais, quitte envers le *démon de la perversité* qui ne tente *qu'une fois*. Eh bien ! voilà qui est accompli. Vous aurez mon secret ; car le jour où vous me reconnaîtrez *à mes yeux*, vous chercherez à découvrir de quoi je suis coupable et comment je le fus ; et vous le découvrirez, étant un maître en votre profession, ce qui, entre parenthèses, vous vaut l'honneur d'avoir été choisi par moi pour porter le poids de ce secret, désormais à nous deux, et à nous deux seuls. Je dis bien *à nous deux seuls*. Vous ne pourrez, en effet, ce secret, en prouver à personne la réalité, sinon par mon aveu, que je vous défie d'obtenir sous forme d'aveu public, puisque maintenant j'ai trouvé moyen de vous le faire, à vous, et *sans danger.* »

Trois mois plus tard, dans une soirée, M. de Vargnes rencontrait M. X..., et du premier coup, sans la moindre hésitation, il reconnaissait en lui les extraordinaires yeux bleus très pâles, très froids et très clairs, les yeux inoubliables.

L'homme, lui, demeura impassible souverainement, si bien que M. de Vargnes en fut réduit à se dire :

— C'est probablement cette fois-ci que je suis le jouet d'une hallucination. Ou bien alors il existe au monde deux paires d'yeux tout à fait semblables. Et quels yeux, pourtant ! Est-ce donc possible ?

M. de Vargnes fit une enquête sur la vie de M. X... Il apprit ceci, qui leva tous ses doutes.

Cinq ans auparavant, M. X... était un pauvre étudiant en médecine, fort brillant, d'ailleurs, et qui, sans être encore reçu docteur, s'était fait remarquer déjà par de curieux travaux microbiologiques. Une jeune veuve extrêmement riche s'était éprise de lui et l'avait épousé. Elle avait, de son premier mariage, un enfant. En l'espace de six mois, l'enfant d'abord, puis la mère, étaient morts de la fièvre typhoïde, et M. X... avait ainsi hérité, en bonne et due forme, sans discussion possible, de la grosse fortune. Il n'y avait qu'une voix pour proclamer qu'il avait prodigué ses soins aux deux malades avec un dévouement admirable.

Ces deux morts, fallait-il donc y voir les deux crimes mentionnés dans la lettre ?

Mais alors, M. X... aurait empoisonné ses deux victimes avec des microbes de fièvre typhoïde, savamment cultivés en elles, de façon à rendre l'infection invincible même aux soins du dévouement le plus admirable ?

Pourquoi pas ?

— Vous croyez cela ? demandai-je à M. de Vargnes.

— Absolument, me répondit-il. Et ce qu'il y a de plus affreux, c'est que le scélérat a eu raison en me défiant de le contraindre à un aveu public. Je ne vois, en effet, aucun moyen d'y arriver, aucun. Un instant, j'ai songé au magnétisme. Mais qui pourrait magnétiser cet homme aux yeux si pâles, si froids, si clairs ?

Avec des yeux pareils, c'est lui qui forcerait le magnétiseur à se dénoncer lui-même comme coupable.

Puis, en poussant un grand soupir :

— Ah ! la justice d'autrefois avait du bon !

Et comme mon regard l'interrogeait, M. de Vargnes ajouta d'un ton très ferme et très convaincu :

— La justice d'autrefois avait à son service la torture.

— Ma foi ! répliquai-je avec un inconscient et naïf égoïsme d'artiste, il est certain que, sans la torture, cette étrange histoire n'a pas de conclusion, et, pour le conte que je vais en faire, c'est bien fâcheux.

LA COMTESSE SATAN

LA COMTESSE SATAN

I

On parlait dynamite, révolution sociale, nihilisme. Même ceux que la politique intéresse le moins, tout le monde disait son mot. Les uns étaient épouvantés. D'autres philosophaient. Quelques-uns essayaient de sourire.

— Bah! faisait N..., si nous sautons, nous le verrons bien. Cela sera peut-être amusant, après tout. Pourvu qu'on saute très haut!

— Mais on ne sautera pas du tout, interrompait G..., l'optimiste. Tout cela, c'est du roman.

— Vous vous trompez, mon cher, dit Jules de C... Cela ressemble à du roman; mais avec ce diable de nihilisme, tout prend l'allure du roman, et il ne faut pas s'y fier. Ainsi, moi, la façon dont j'ai connu Bakounine...

On le savait conteur ; on n'ignorait pas que sa vie avait été pleine d'aventures ; on se rapprocha, et l'on écouta religieusement. Voici ce qu'il dit.

II

C'est à Naples que je rencontrai la comtesse Nirska W..., l'étrange femme qu'on surnommait la comtesse Satan. Je m'attachai tout de suite à elle par curiosité, et j'en devins vite amoureux. Non pas qu'elle fût belle ! Une Russe, avec tous les mauvais côtés du type russe. A la fois maigre et trapue. La face blême et bouffie. Les pommettes larges. Le nez cosaque. Mais sa conversation ensorcelait.

Compliquée, érudite, philosophe, dépravée de science, satanique. Le mot est peut-être prétentieux ; mais il dit bien ce que je veux dire. Elle aimait, en d'autres termes, le mal pour le mal. Elle jouissait des vices chez les autres. Elle adorait de les semer pour en voir l'épanouissement. Et cela, en grand, en énorme. Corrompre des individus, cela ne lui suffisait pas. Elle ne faisait que s'y entretenir la main.

Ce qu'elle aurait voulu, c'est travailler sur les masses. Elle aurait pu prendre pour devise, en l'arrangeant à sa manière, le fameux mot de Caligula. Elle aussi désirait que le genre humain n'eût qu'une tête ; mais ce n'était pas pour la couper, c'était pour y faire fleurir la philosophie du néant.

Devenir le maître et seigneur d'un pareil monstre, quelle tentation ! Je me laissai tenter et entrepris l'aventure. Le moyen se présentait de lui-même : il n'y avait qu'à se montrer plus pervers, plus satanique qu'elle-même.

Je fis donc mon petit Satan.

— Oui, disais-je, nous autres écrivains, nous sommes les meilleurs ouvriers du mal. Nos livres peuvent être des fioles de poison. Les prétendus hommes d'action ne font que tirer les mitrailleuses dont nous avons bourré la gueule. C'est avec des formules qu'on fera sauter le monde ; et les formules, nous les inventons.

— C'est vrai, fit-elle un jour ; et voilà ce qui manque à Bakounine, hélas !

Ce nom revenait souvent dans sa bouche. Je lui demandai des détails. Elle m'en donna, connaissant l'homme intimement.

— Au fond, faisait-elle avec une moue

méprisante, ce n'est qu'une espèce de Garibaldi.

Et elle me racontait, en s'en moquant, l'odyssée de barricade et de bagne qui a fait à Bakounine sa légende, et qui n'est pourtant que l'exacte vérité : son rôle de chef d'insurgés à Prague, puis à Dresde ; sa première condamnation à mort ; ses internements à Olmütz, à la casemate du fort Saint-Pierre-et-Paul, dans un cul de basse-fosse, à Schlusselbourg ; son exil en Sibérie ; son évasion miraculeuse par le fleuve Amour, sur un caboteur japonais, par Yokohama, San-Francisco ; son arrivée, enfin, à Londres, d'où il avait pris la direction du nihilisme.

— Vous voyez, disait-elle, c'est surtout un aventurier. Et maintenant, finies, les aventures ! Il s'est marié à Tobolsk. Embourgeoisé ! D'ailleurs, aucune pensée personnelle. C'est Herzen, le pamphlétaire de la *Kolokol*, qui lui a trouvé la seule parole féconde qu'il ait prononcée jamais : *Terre et Liberté !* Mais cela ne constitue pas encore la formule définitive, la formule générale, ce que j'appellerai la formule-dynamite. Tout au plus Bakounine pourrait-il être un brûleur de villes. Et qu'est-ce que cela, je vous prie ? Peuh ! Du Rostopchin *réchauffé !*

Il lui faudrait un souffleur. J'ai voulu l'être, il
ne m'a pas prise au sérieux.

. . . .

Inutile d'entrer dans les détails psychologiques qui marquèrent le cours de ma passion
pour la comtesse. Inutile aussi de vous expliquer plus longuement l'attrait de curiosité
qu'elle m'offrait de jour en jour davantage.
Cela devenait exaspérant. D'autant plus que
cette perverse me résistait, en somme, comme
la plus farouche des innocentes.

Tant il y a, qu'au bout d'un mois de satanisme
forcené, je vis clair enfin dans son jeu. Savez-vous ce qu'elle en était venue à imaginer? De
me faire le souffleur rêvé par elle pour Bakounine. Ou plutôt, voilà ce qu'elle m'avoua. Mais,
in petto, elle se réservait, sans doute, et je le
compris ainsi, elle se réservait de souffler elle-même ce souffleur. Ma passion, qu'elle laissait
inassouvie à dessein, lui assurait ce pouvoir
absolu sur moi.

Tout cela doit vous paraître de la folie, du
Ponson du Terrail. C'est pourtant la vérité
vraie.

Bref, elle me mit, un jour, crûment, le
marché à la main.

— Devenez l'âme de Bakounine, me dit-elle, et je serai à vous.

J'acceptai. C'était trop fantastiquement étrange pour refuser, n'est-ce pas? Quelle aventure ! Quelle chance !

Une série de lettres entre la comtesse et Bakounine prépara les voies. On m'y présentait. On m'y discutait. J'y devenais une sorte de prophète occidental, un mystique charmeur prêt à nihiliser les races latines, le saint Paul de la nouvelle religion du néant.

Rendez-vous fut pris enfin pour nous aboucher.

C'était à Londres que je le vis. Il habitait un petit cottage dans Pimlico. Jardinet devant; maison à un étage, toute simple; rien de notable.

On nous fit entrer dans le parloir banal de tous les *homes* anglais, puis monter par un escalier tendu de tapis en une espèce de cuir-caoutchouc.

La chambre où on nous laissa, la comtesse et moi, était petite, fort nue, avec une table carrée au milieu, et, sur cette table, de quoi écrire. On eût dit un vestibule administratif. C'était le sanctuaire.

Le dieu y parut bientôt. Je le vis en chair et

en os. En chair surtout ; car il était énorme. La face large, aux pommettes marquées malgré la graisse, au nez en double entonnoir, aux yeux bridés, au regard magnétique, disait bien le Tartare, le vieux sang touranien qui a donné les Attila, les Gengis-Khan, les Tamerlan. L'obésité caractéristique des races nomades, toujours à cheval ou en chariot, ajoutait à cet aspect asiatique. Pour sûr, cet homme n'était pas un Européen, un Slave, un fils des Aryas déistes. C'était bien le descendant des hordes athées qui, plusieurs fois déjà, ont failli détruire notre monde, et qui, au lieu de l'idée du progrès, portent au fond du cœur l'idée du néant.

Je fus étonné. Je ne m'attendais pas à cette majesté d'une race entière revivant dans un homme.

Ma stupéfaction grandit après une heure d'entretien. Je compris pourquoi un tel colosse n'avait pas voulu de la comtesse pour Égérie. Elle n'était qu'une enfant, qu'une niaise, d'avoir rêvé ce rôle auprès d'un pareil penseur. Elle n'avait pas senti la profondeur de philosophie atroce qui se cachait sous cette activité matérielle. Elle n'avait pas vu le prophète dans ce barricadier. Or peut-être n'avait-il pas jugé bon de se révéler ainsi à elle.

A moi, il se montra, et il me fit peur.

Prophète, oh! oui. Il se croyait un Attila, et prévoyait les conséquences de sa révolution. Ce n'était pas par instinct seulement, mais par théorie, qu'il poussait un peuple au nihilisme.

Le mot n'est pas de lui. Il est, je crois, de Tourgueneff. Mais l'idée, oui.

Il a pris à Herzen son programme du communalisme agricole, et à Pougatcheff son radicalisme destructeur, mais sans s'y arrêter. En cela, autrement grand que les deux autres, j'entends dans le mal et pour le mal. Herzen voulait le bonheur du paysan slave. Pougatcheff voulait se faire élire empereur. Bakounine, lui, ne voulait que ceci : anéantir, par n'importe quel moyen, l'ordre de choses actuel, et remplacer la concentration sociale par un éparpillement à l'infini.

C'est un rêve de Tartare. C'est le vrai nihilisme, poussé aux extrêmes conclusions pratiques. C'est, en un mot, la philosophie *appliquée* du hasard, de l'indéterminé, du *tout-coule* sans lois.

Monstrueux, soit! Mais grandiose dans le monstrueux!

Et notez que l'homme d'action, si méprisé par la comtesse, doublait précisément dans

Bakounine, le songeur gigantesque que je viens de vous montrer. Son rêve n'est pas resté à l'état de rêve. Il a commencé à se réaliser. C'est par les soins de cet organisateur que le parti nihiliste a pris un corps. Parti où il y a un peu de tout, vous savez! Mais, en somme, parti formidable, à cause du groupe d'avant-garde qui le dirige. Et ce groupe, ce sont les purs disciples du maître, ceux qui ont le secret de sa pensée. Le rêve, ce groupe, c'est le nihilisme véritable, qui ne tend à rien moins qu'à faire sauter le monde occidental, pour voir s'épanouir sur les ruines l'éparpillement infini, conception dernière du tartarisme moderne.

Jamais je n'ai revu Bakounine. Essayer de jouer une comédie avec ce *Vieux-de-la-Montagne*, c'était payer trop cher la conquête de la comtesse.

Au reste, après cette visite, elle me parut absolument inepte, cette pauvre comtesse Satan! Son fameux satanisme n'était qu'une flamme de punch, auprès de la flambée universelle à laquelle songeait l'autre. Vraiment, elle s'était montrée très sotte, en ne comprenant pas ce monstre prodigieux. Et comme elle m'avait séduit par son intelligence et sa perversité toutes seules, une fois ce masque à bas, j'en fus instantanément dégoûté. Je la quittai sans la prévenir. Je ne l'ai jamais revue non plus.

Tous deux ont dû me prendre pour un espion détaché par la *troisième section de la Chancellerie impériale*. En ce cas, ils m'ont trouvé joliment fort, et je n'ai qu'à bien me tenir si jamais des affiliés me reconnaissent !...

III

Là-dessus, il sourit, et, se tournant vers le garçon qui venait d'entrer :

— En attendant, dit-il, débouchez-nous encore une bouteille de champagne. Et faites sauter le bouchon ! Ça nous habituera toujours un peu, n'est-ce pas ? pour le jour où nous sauterons nous-mêmes.

LA MORILLONNE

LA MORILLONNE

On l'appelait la Morillonne, à cause de ses cheveux noirs, de son teint doré comme des feuilles automnales, et de sa bouche aux grosses lèvres violâtres qui ressemblait, en se fronçant, à une mûre de haie.

C'était un mystère d'atavisme, qu'elle eût pu naître, ainsi moricaude, dans ce pays de blonds, engendrée par un père et une mère au poil en filasse et à la peau de beurre. Quelqu'une de ses aïeules avait dû fauter avec un de ces chaudronniers ambulants qui, de temps immémorial, passent dans le pays, faces de bistre et d'indigo que coiffe une éponge en paille de fer.

Et de cet ancêtre elle tenait, non seulement son visage de ténèbres, mais son âme de ténè-

bres aussi, ses yeux menteurs où louchait cette
âme trouble, ses yeux dont la nuit s'illuminait,
par moments, aux éclairs de tous les vices, ses
yeux de bête perverse et maléfique.

Belle ? Non pas. Ni même jolie, seulement.
Laide, d'une absolue laideur ! Le regard si faux !
Le nez écrasé en pied de marmite. La gueule
en fruit malsain, gâté, et toujours baveuse de
gourmandise, ou sifflante de mauvais propos.
La tête hirsute et frisée salement, nid à vermine.
Et le tout, sur un corps maigriot, fiévreux, mal
en chair, bâti de guingois, aux rampantes
allures.

Bref, un monstre !

Avec ce monstre, tous les filloteux du pays
avaient couché, cependant. Et qui en avait
goûté, en revoulait.

Dès le catéchisme, elle avait commencé à
être la *denrée* du village. Des enfants de son
âge en avaient été corrompus, menés par les
venelles et derrière les granges, sous prétexte de dénichages ou de cligne-musette, et
revenant à la maison avec des pochons de
cerne. Des gas aussi, au risque de la prison,
et même des gens graves, des vieux, notables
et vénérables, tels que le fermier des Eclau-
siaux, et M. Martin, l'ancien maire, et d'autres,

et des meilleurs autres, s'y étaient englués, à la cotte breneuse de cette galopine. Si le garde-champêtre n'avait pas *sévi*, malgré son amour du procès-verbal, c'est qu'il aurait dû, disait-on, se dresser procès-verbal à lui-même.

Et donc, elle avait grandi dans l'impunité, maîtresse en titre de tout un chacun, selon l'expression du maître d'école, qui avait été, lui aussi, cet un chacun.

Le plus curieux de l'histoire, c'est que personne n'en était jaloux. On se la repassait. Quelqu'un, par hasard, s'en étonnant un jour, elle avait répondu à cet étranger peu intelligent :

— Y en a-t-il pas pour tout le monde ?

Comment, d'ailleurs, un jaloux s'y fût-il pris, voulant l'accaparer ? On ne la tenait par rien. Elle n'était pas *intéressée*. Les cadeaux en nature, l'argent, elle acceptait tout de bon cœur ; mais jamais ne demandait. Même, on eût dit qu'elle préférait ne pas demander, et se payer à sa guise, en volant. Qu'on la laissât rapiner, pour prix de sa peau, c'est tout ce qu'il lui fallait. Un écu mis dans sa main lui causait moins de plaisir qu'un sou cueilli à la foire d'empoigne.

La dominer en mâle unique, en coq orgueilleux, il n'y avait pas à y songer non plus. Qui, fût-ce parmi les plus rétus, les mieux râblés, qui en eût été capable? D'aucuns y avaient tâché, vainement. Ils s'y étaient échinés sans la satisfaire. Quand ils avaient eu les yeux caves, les narines pincées, les os vides de moelle, ils l'avaient vue toujours gaillarde et frisque, toujours inassouvie, et toute sa chair criant de fringale.

— Je n'peux plus !

Ainsi avaient-ils râlé. Et elle, en ricanant, ripostait :

— M'en faut encore.

Et force était bien de passer la pelle à d'autres, pour embocquer la gueule de ce four, qui jamais n'était plein. Alors, de quel droit se poser en maître ? C'est comme si on avait voulu cuire tout seul son pain dans le *four banal* où le village entier boulangeait.

Donc, de même qu'il y avait pour la nourriture du corps ce *four banal*, propriété indivise de la commune, la Morillonne était la propriété de tous aussi, pour le pain d'amour.

Un seul homme, dans le pays, ne cuisait pas au four de la commune. Et pareillement il ne communiait pas en la Morillonne. C'était Ch'tiot-Bru, le berger.

Il vivait dans sa cajute roulante, en pleins champs, de galettes sans levain qu'il pétrissait sur une pierre et faisait griller sous la cendre, tantôt ici, tantôt là, au fond d'un trou creusé parmi les cailloux et braisillant de bois mort. Çà, des pommes de terre, du lait, quelques durs fromages, des fruits de sauvageons, et un barillet de vieux genièvre distillé par lui, telle était sa pitance.

De pitance amoureuse, point !

— Pour quant aux femmes, sans doute, disait-on ; mais pour quant aux fumelles, c'est à savoir.

Et l'on ne se gênait pas pour l'accuser tout à trac de bestiales accointances avec ses brebis.

Mais on n'eût guère osé lui en chanter pouilles à deux pouces du nez. D'abord, parce que Ch'tiot-Bru était un fiston d'aplomb, sec, noueux, maniant sa houlette comme un tambour-major sa canne. Puis, à cause de ses trois barbets, dentés en loups, et qui ne connaissaient que leur patron. Enfin, et surtout, par crainte du mauvais sort. Car Ch'tiot-Bru, paraît-il, savait des mots pour donner la nielle au blé, le piétin aux moutons, le tournis aux bœufs, et faire crever les vaches volantes, et d'un regard foutre le feu aux meules.

Mais, comme seul Ch'tiot-Bru ne tirait pas la langue après la Morillonne, naturellement, c'est elle qui, un beau jour, tira la langue après lui. Et seule aussi elle déclara qu'elle n'avait point peur du *jeteu-d'sorts*.

On lui dit chiche. Elle y alla.

— Qué qu'tu veux? fit-il.

Elle répliqua, crânement :

— Ce que j'veux? C'est ti.

Il répondit :

— Soit ; mais, alors, à moi seul.

Elle sourit, et riposta :

— Je n'dis pas non, si tu peux.

Il sourit à son tour, puis l'accola. Et cette nuit-là, elle ne revint pas au village, mais coucha dans la cajute roulante. Et le lendemain, non plus, elle ne revint pas, ni le surlendemain, ni de toute la semaine. La *denrée* du pays était bel et bien la *denrée* de Ch'tiot-Bru.

Le village s'émut. On n'était pas jaloux l'un de l'autre. On fut jaloux de celui-là. Quoi! Il y résistait donc, lui? Il n'avait pas, comme les camarades, les yeux caves, les narines pincées, les os vides de moelle, les reins rompus? Il savait donc des charmes, et des mots, et des sorts, pour ça aussi? On enrageait.

On s'enhardit. Quelqu'un guetta, de loin, à la coupette d'un arbre. On vit le couple. O joie ! Elle était toujours gaillarde et frisque, elle ! Mais lui, un fantôme ! Ah ! ah ! Elle le mangeait, lui aussi, elle le buvait, la Morillonne !

On s'enhardit de plus en plus. Elle devait avoir besoin d'un mâle de rechange ! Le plus faraud de la bande s'approcha, un fusil au poing.

— Attache tes quiens, cria-t-il de loin, attache tes quiens, Ch'tiot-Bru, ou je les descends.

— N'aie pas peur des quiens, cria la Morillonne. Ils n'te f'ront rin, j'en réponds.

Elle souriait. Le gas au fusil arriva.

— Qué qu'tu veux ? demanda le berger

— J'vas te le dire, interrompit la Morillonne. Il veut faire avec moi. Et je l'veux aussi. V'là !

Ch'tiot-Bru se mit à pleurer. Elle reprit :

— Puisque tu ne peux plus !

Et elle partit avec le gas.

Ch'tiot-Bru sauta sur sa houlette. Le gas le mit en joue, tout en s'en allant à reculons.

— Pille ! pille ! hurla le berger, en aguichant ses chiens.

Le gas pressait déjà la gâchette pour leur tirer dessus. La Morillonne abaissa le canon du fusil, et chanta :

— Ici, les quiens, ici, tout beau ! Prr ! prr ! tout beau !

Et les trois barbets accoururent auprès d'elle, lui léchèrent les mains et la suivirent en gambadant, tandis que, de loin, elle criait au berger :

— Tu vois, Ch'tiot-Bru, ils ne sont nin jaloux, eux !

Puis, avec un aigre et mauvais rire :

— Et, tu sais, ils en auraient l'droit autant qu'ti.

LE MALAIS

LE MALAIS

Pauvre comme j'étais, et si pauvrement vêtu, mais avec mes bons bras de vingt-cinq ans sous ma mauvaise jaquette, du diable si je craignais les rencontres fâcheuses, même dans ce sinistre quartier où je vivais parmi la pire racaille de Londres ! Les plus fûtés et les plus hardis coquins voyaient tout de suite, en me jaugeant d'un coup d'œil, qu'il n'y avait pas grand'chose à tondre sur moi, autant dire rien, et que ce rien serait d'ailleurs, en cas d'attaque, défendu vigoureusement. Grâce à quoi, et aussi à une certaine connaissance du *slang* (argot anglais), je pouvais, en toute sécurité, prendre, selon mon désir, un bain de misère et de crapule dans la vase de ces bas-fonds réputés si dangereux.

Je fus donc, sinon inquiet, du moins assez étonné le jour où je m'aperçus que j'étais filé, positivement filé, par cet étrange personnage dont la figure, les allures et le costume m'avaient fait dire l'autre nuit :

— Tiens ! le Malais de Quincey !

Il ressemblait, en effet, d'une façon miraculeuse, à la fantastique apparition qui passe dans les *Confessions d'un mangeur d'opium*. Même visage émacié, à la fois blafard et ténébreux, même regard halluciné, mêmes loques exotiques, même démarche de spectre, et aussi ce je ne sais quoi de rêve et de symbole presque inexprimables, comme si en cet errant surgissait toute l'Asie extasiée d'opium, et comme si l'être vu et touché, bien réel par conséquent, n'était lui-même qu'une des fugitives nuageries prenant corps dans cette extase.

Oui, tel il m'était apparu l'autre nuit, cet étrange personnage, la nuit où j'étais allé rendre visite, en un de ses palais, au *juste, puissant et subtil opium*, comme dit Quincey le Visionnaire.

Palais combien lamentable, d'ailleurs ! Une sorte de soupente au-dessus d'une arrière-boutique, avec un divan de bois pour tout ameublement ! Cela vous avait un air de corps de garde. Et quelle puanteur s'exhalait des dix ou douze malheureux étalés sur ces planches, de leurs hardes crasseuses et humides, de leurs corps en sueur, dans cette chambre close, basse de plafond, surchauffée par la large flamme d'un bec de gaz ! Mais, tout de même, palais habité par des empereurs et des dieux, palais dont les murailles nues se muaient incessamment en les plus féeriques et les plus paradisiaques décors !

— Tiens ! le Malais de Quincey !

Oui, c'est cela même que j'avais dit, ou plutôt pensé, en voyant entrer là, puis s'asseoir en face de moi, l'étrange personnage, et en le suivant, quelques instants après, mais longtemps, longtemps, au cours d'interminables voyages où il avait été mon guide, silencieux, énigmatique, parmi toutes les flores, toutes les faunes, toutes les architectures, toutes les foules, toutes les lumières multicolores et toutes les ténèbres voluptueuses, du plus merveilleux et du plus monstrueux Orient.

Si bien qu'au réveil, au retour de ce magique pèlerinage, quand je m'étais retrouvé sur le divan de bois, entre deux tas de chair humaine pareils à deux cadavres, et moi-même cadavre à peine ressuscité, constatant que

7.

l'étrange personnage n'était plus là, j'avais douté de l'avoir jamais vu autrement qu'en songe, à travers les souvenirs de ma lecture de Quincey, et comme une évocation de l'opium.

Mais non ! Voici qu'il vivait, en solide apparence, et non plus en apparition de fumée. Depuis ce matin, au grand air, à la marche, dans la cohue grouillante, elle s'était évaporée de mon cerveau, toute fumée. J'avais la pleine possession de moi-même, la perception nette, les sens aigus, l'œil clair comme un basilic. Et il était là, le Malais, lui, bien lui !

Certes, la première fois que je m'étais retourné, tout à l'heure, obscurément gêné par la vrille d'un regard qui m'entrait dans la nuque, et quand j'avais aperçu l'homme me suivant, j'avais pu croire à une reflorescence de mon rêve nocturne. D'autant que, brusquement, l'homme s'était éclipsé dans la foule, évanoui comme une vision fulgurante et furtive.

Mais, la seconde fois, une demi-heure plus tard, c'est face à face qu'il s'était présenté à moi, m'examinant longuement, à la manière de quelqu'un qui cherche à reconnaître et à être reconnu. Il est vrai qu'alors encore, tandis que je fermais machinalement mes yeux pour éviter l'extraordinaire éclat des siens, il avait disparu comme s'il rentrait sous terre. Néanmoins, j'étais bien sûr de n'avoir pas été, ce coup-ci non plus, le jouet d'une persistante hallucination.

Au surplus, pendant cette dernière demi-heure, ce n'est pas une fois, ni deux fois, mais bien une dizaine de fois, que j'en avais été hanté. Tantôt, je le sentais sur mes talons, ce dont je prenais la certitude en tournant la tête. Tantôt, je me heurtais presque à lui au coin d'une ruelle. Tantôt, je le coudoyais dans les remous de la cohue, où je l'avais pour voisin pendant quelques pas, son bras frôlant le mien avec des pressions quasi-parlantes, et ses yeux, ses yeux nostalgiques et brûlés de fièvre, essayant de dialoguer à la muette avec mes yeux qui les fuyaient.

Enfin, maintenant, je ne pouvais plus conserver le moindre doute sur la réalité de sa présence. Le *filage*, de plus en plus serré, de moins en moins dissimulé, en était venu à ceci, que, dans le bar où j'étais entré pour échapper à cette poursuite, l'homme était entré derrière moi, et que, sur le banc vide où je m'étais assis, l'homme avait pris place à mon côté.

Pour le coup, par exemple, je cessai d'éviter son regard, et je me tournai carrément vers lui, les sourcils froncés, l'air hostile, les dents en étau, nez à nez.

Son visage exprima, soudain, une profonde tristesse. Deux grosses larmes lui coulèrent sur les joues. Puis, doucement, il posa la main sur ma poitrine, et se mit à parler, ou plutôt à susurrer, dans une langue que je ne comprenais pas, mais d'une voix extrêmement câline et gazouillante. On eût dit un enfant au verbe d'oiseau.

Ne sachant que lui répondre, je recommandai à la *bar-maid* deux verres de *wisky*, et j'en offris un à l'étranger. Il y trempa ses lèvres, puis me le rendit en me faisant signe de le finir et qu'il désirait agir de même avec le mien. C'est là une politesse en usage dans les basses tavernes de Londres, et je m'y conformai.

Après quoi je demandai en anglais à l'homme :

— A présent que nous sommes amis, dites-moi ce que vous me voulez et pourquoi vous me suivez de la sorte ?

Mais je vis à ses grands yeux désolés qu'il n'entendait point ce que je lui disais. Je fus donc, comme lui, obligé de recourir à la mimique. Cette fois, il comprit.

Des plis de sa ceinture il tira un long ruban de soie, qu'il étendit devant ma face, en me priant, par gestes, de lire les caractères qui y étaient tracés. Et en même temps, il m'expliquait, toujours par gestes, mais fort clairement, que cette écriture représentait un trésor énorme et fabuleux, de l'or, des pierreries. Il exprimait l'or en versant, entre son pouce et son index, d'imaginaires pièces de monnaie qui s'accumulaient par cascades. Il signifiait les pierreries en faisant miroiter ses ongles, polis comme des onyx, et en clignant très vite des paupières, entre la fente desquelles ses yeux flamboyaient et scintillaient comme des diamants.

Je montrai que je n'avais rien perdu de son discours muet, et il me sembla ravi. Tellement qu'il me sauta au cou et m'embrassa en pleurant, à croire qu'il devenait fou.

Cependant j'avais remarqué avec grande attention le ruban de soie et j'avais reconnu que les caractères étaient du sanscrit, dont je possédais une vague connaissance. Pas assez, certes, pour traduire la très longue inscription ; mais suffisamment pour en déchiffrer quelques vocables épars. Je les lui indiquai du doigt et en mimai le sens. L'un voulait dire *roi*, ce que j'interprétai par le simulacre d'un diadème sur ma tête. L'autre signifiait *ciel*; un autre, *terre*; ce qui me fut facile à rendre. Enfin revenait souvent le mot qui représente un des noms mystérieux du dieu Shiva. Je savais, par chance, que ce mot se figure, en architecture hindoue, par un certain dessin hiératique. Je traçai en l'air la ligne de ce dessin, après avoir touché le mot sur le ruban de soie.

A ces diverses marques, l'homme dut s'imaginer que je comprenais toute l'inscription, et sans doute cela le frappa de terreur. Ainsi, du moins, j'en jugeai, le voyant soudain se jeter à mes genoux, effaré, les mains tremblantes, comme un criminel qui demande grâce. En même temps, il s'était remis à faire l'oiseau gazouilleur; mais, cette fois, avec une extrême volubilité, et sur un ton très aigu qui assourdissait.

Par malheur, je n'étais pas le seul à être assourdi. Un ivrogne, qui dormait dans un coin, s'en réveilla; et, furieux, se rua sur le pauvre diable toujours prosterné.

Je voulus m'élancer au secours du malheureux. Il crut que, tout au contraire, je lui tombais dessus et faisais chorus avec son agresseur. Il est vrai de dire que nous composions tous trois, par terre, un amalgame à n'y rien comprendre. Toujours est-il que je me retrouvai à califourchon sur le pochard, et que l'autre avait décampé.

D'un bond, j'étais dans la rue, à sa recherche. Mais bien en vain, ainsi qu'on pense. Agile, glissant et furtif comme il était, quel moyen de savoir par où une telle anguille avait replongé dans cette vase humaine?

Jamais plus je ne devais revoir l'étrange personnage.

A la maison d'opium, où je retournai pour tâcher d'obtenir quelques renseignements, je n'en eus aucun. L'homme n'y était venu qu'une fois, la nuit que j'y étais venu moi-même.

Qui était-ce? Que me voulait-il? Que représentait l'inscription sur le ruban de soie? Pourquoi désirait-il m'en faire part, à moi particulièrement? Puis, pourquoi cette terreur, à l'idée que je pouvais la traduire? Ce proscrit était-il en possession d'un trésor fabuleux? L'avait-il volé? N'était-ce qu'un pauvre fou? Autant de questions sans réponses!

Et que d'hypothèses encore je fis, sur cette bizarre aventure, merveilleuse et absurde comme un rêve !

Que ce fût seulement un rêve, pendant longtemps je ne l'ai pas cru, ayant par devers moi tant de témoignages qui me prouvaient la réalité visible et vue, tangible et touchée, de ma vie pendant ces quelques heures. Mais aujourd'hui, à travers les brumes lointaines du passé, quand je retrouve en mon souvenir cette histoire invraisemblable, en vérité, je me demande parfois si le *puissant* et *subtil* opium est aussi *juste* que le proclame Quincey, et s'il n'est pas plutôt un démon très farceur qui s'est amusé de moi en me promenant durant toute une matinée parmi les mirages d'une hallucination aussi consistante que la vie elle-même.

Car, j'ai oublié de le dire, le bar où s'est passée la scène, je ne l'ai jamais retrouvé non plus.

Et pourtant, comme tout cela fait tableau, en dessin net, en vigoureuses couleurs, dans le musée de ma mémoire !

VIEILLE BADERNE

VIEILLE BADERNE

— Oh ! non, non, celui-là, inutile d'insister ! Lui et ses semblables, il n'en faut plus, sous aucun prétexte. Sans doute ils ont rendu des services, dans le temps. Mais ce n'est pas une raison pour les éterniser à la préfecture.

— Cependant, sa grande mémoire des physionomies, ses bons conseils...

— Eh ! ses soi-disant bons conseils, voilà précisément ce dont je veux nous priver. Oui, je sais, les traditions ! C'est notre perte, les traditions. Nous avons besoin d'hommes jeunes, actifs, inventifs. La presse nous reproche nos routines, et la presse n'a pas tort. Eh bien ! votre Lejars, c'est le plus bel échantillon de l'ancienne école, le répertoire de toutes les roulines. Ça croit encore aux déguisements, par exemple. Le genre Vidocq, alors, pourquoi pas ? Non, non, ces gens-là, avec moi, fini. A la retraite ! J'en ai assez, des vieilles badernes.

Et sur ces mots du nouveau préfet de police (un avocat, un réformateur), malgré tous les efforts du chef de la sûreté, on avait *fendu l'oreille* au brigadier Lejars.

Certes, il l'avait un peu dure à présent, l'oreille, et c'est pourquoi, depuis deux ans déjà, on ne l'employait plus guère que dans les bureaux et aux confrontations du *petit parquet*. Mais, tout de même, il n'y était pas inutile. D'autre part, on devait bien avoir quelque considération pour ses trente années de bons services, et surtout pour certaines de ses campagnes, demeurées légendaires, véritables modèles de patience, d'ingéniosité et de hardiesse. Il ne demandait, au reste, qu'à leur donner une suite ; et s'il ne le faisait pas, c'es qu'on ne lui en fournissait plus l'occasion, le reléguant à des besognes sédentaires. De quoi donc pouvait-on se plaindre ? Qu'il aimât à conseiller ses collègues plus jeunes ? Mais ceux-ci d'eux-mêmes le consultaient, et ne s'en trouvaient pas mal. Cela d'ailleurs prouvait qu'il avait la passion de son métier. Oui, peut-être il l'avait trop. Passé maître dans l'art de se grimer, de se *camoufler*, comme on dit là-bas, il avait pris en vieillissant l'innocente manie de *se faire des têtes* sans aucune nécessité, par habitude, par plaisir en quelque sorte. Mais c'était là un léger ridicule qui ne gênait personne et qui ne l'empêchait pas de remplir son devoir. Ce qui en résultait de pire, c'est qu'on l'en plaisantait un peu parmi les agents, sans méchanceté toutefois, sans atteinte même au respect qu'on avait pour lui. Et quand on le taquinait là-dessus, il répondait de fort bonne humeur :

— Eh! oui, je me fais des têtes. C'est pour m'entretenir la main.

Aussi fut-ce un désespoir pour le père Lejars, quand on lui apprit qu'il ne faisait plus partie de la brigade de sûreté. Cela le frappa comme une injustice et comme un outrage.

La perte de sa position, au point de vue pécuniaire, le touchait peu. Sobre, habitué à vivre de ses maigres appointements, et même à économiser sur ce pauvre budget, ses économies et sa pension de retraite lui suffisaient outre mesure. Il n'eut pas, à cet égard, le moindre chagrin.

Ce qui le peinait, ce qui le révoltait, c'est qu'on le mit au rancart comme s'il n'était plus bon à rien. Et dans quels termes ! Car on lui avait répété les paroles méprisantes du préfet. Le réformateur, du reste, ne s'en cachait pas. Il disait tout haut ses intentions, ses motifs, sa haine de la routine, son amour du nouveau. C'était le mot d'ordre de la préfecture. Il n'y était question que de *chambardement*. Tout le monde savait que la mise à la retraite du père Lejars serait suivie de plusieurs autres, et que le patron ne voulait plus de *vieilles badernes*.

Vieille baderne, lui, Lejars ! Lui qui avait su dépister et prendre le fameux Crusier, dit le Rouge, dit le comte de Montarley, dit l'abbé Rostaing, cette espèce de Rocambole réel ! Vieille baderne, lui qui était entré tout seul dans le garni de la bande à Gendret, et qui avait reçu là deux coups de couteau, et qui de ses mains sanglantes avait terrassé et ligotté ce terrible cheval-de-retour surnommé à bon droit la *Mort-des-cognes !* Vieille baderne, lui qui, déguisé en homme du monde (oui, en homme du monde, ce qu'il y a de plus difficile), avait fait pincer la main dans le sac l'ancien notaire Heurtevelle, devenu chef d'une colossale agence de chantage ! Vieille baderne, lui qui chaque jour encore, au petit Parquet, reconnaissait tout de suite des figures disparues depuis dix ans de la circulation ! Vieille baderne, lui, Lejars, le père Lejars ! Ah ! c'était trop fort !

Rompu à la discipline et au respect hiérarchique, il n'osait traiter son supérieur, le préfet, le grand chef, de polisson. Mais dans son âme et conscience, voilà ce qu'il en pensait. Et il souffrait de se taire, non seulement à cause de son amour-propre blessé, mais aussi et surtout à cause de sa chère police, qu'il voyait désormais désorganisée et allant à vau-l'eau, puisqu'elle tombait entre les mains d'un paltoquet pour qui le père Lejars était une vieille baderne. Tout ce qu'il se permit de dire, en manière de récrimination, ce fut :

— Les escarpes vont avoir beau temps, au jour d'aujourd'hui.

Et comme le chef de la sûreté, très amicalement, le consolait de son mieux en lui parlant avec éloges de sa belle carrière :

— Elle n'est pas finie, ajouta-t-il avec amertume. J'ai encore bon pied bon œil, et je prouverai à M. le préfet que je ne suis pas une vieille baderne.

— Comment cela?
— C'est mon affaire.

On comprit ce qu'il voulait dire, quelques jours après, à l'occasion d'un crime assez mystérieux. En même temps que le rapport officiel de l'agent chargé d'en suivre la piste, on reçut à la préfecture un rapport privé du père Lejars. Il avait opéré pour son compte, et envoyait les résultats de son enquête. Ils se trouvèrent être justes, mais inutiles; car un autre agent, un jeune homme de la nouvelle promotion, excité par le désir de se distinguer pour ses débuts, faisait arrêter le coupable avant qu'on eût pu se servir des rapports. Le père Lejars fut très affecté de ce contretemps, tout en rendant justice, d'ailleurs, à l'activité de son rival.

Il eut moins de chance encore dans une autre expédition. Réduit à ses propres ressources, dénué des renseignements concentrés à la préfecture, il s'égara et perdit du temps en recherches oiseuses, et ce coup-ci l'on n'eut pas même à lui couper l'herbe sous le pied.

Une troisième fois il fut tout à fait malheureux. Le jeune agent, qui décidément était de première force, piqué au jeu par cette concurrence, se fit un malin et déloyal plaisir de le lancer sur une fausse voie, si bien que le vétéran se blousa comme un conscrit.

On en fit des gorges chaudes à la préfecture, où le personnel nouveau ne lui était plus sympathique. Le préfet lui-même, que l'obstination du bonhomme amusait, n'eut pas la générosité de cacher le petit contentement qu'il éprouvait à le voir déconfit. Quant au débutant, tout fier de ses coups d'essai qui étaient des coups de maître, il triompha bruyamment; et renchérissant encore sur les théories du patron, il disait à qui voulait l'entendre :

— Eh bien ! enfoncé, le vieux jeu ! Enfoncées, les vieilles badernes !

Le père Lejars, qui avait gardé des accointances avec quelques agents, apprit tout cela, et son dépit en fut violent. Ainsi, non seulement il ne pouvait prendre sur le préfet la revanche qu'il s'était promise ; mais, en outre, dans ce duel malencontreux, il risquait de perdre son antique renommée. Un blanc-bec lui damait le pion ! Et tout le monde en riait ! Et les exploits de jadis ne comptaient plus pour rien, bafoués pêle-mêle avec les insuccès présents ! On avait donc eu raison de le renvoyer et de l'appeler vieille baderne !

La blessure de son amour-propre fut avivée encore par la lecture des journaux. Le préfet de police avait quelques chroniqueurs à sa dévotion, et ils ne manquèrent pas de louer complaisamment les brillants débuts de l'administration nouvelle, non sans dauber sur l'ancienne. Les feuilles mêmes, qui n'étaient pas inféodées au parti politique du préfet, ne purent s'empêcher de rendre justice à ses efforts, à ses réformes, aux bons résultats qu'il en tirait, et surtout à la déférence qu'il avait manifestée envers les critiques unanimes de la presse contre la routine de ses prédécesseurs. Tout cela parut au père Lejars une campagne à son détriment personnel. Il n'était pas loin de penser que tout Paris s'occupait de sa déconfiture. Un reporter ayant eu vent des dernières histoires et en ayant fait un récit plaisant, ce fut le coup de grâce pour le pauvre retraité, qui se crut décidément l'objet de la risée universelle, et qui en tomba malade.

Le chef de la sûreté le tenait en vieille affection, et vint le voir. Il le trouva couché, vieilli, jaune de bile.

— Voyons, lui dit-il, mon vieux père Lejars, vous n'êtes pas raisonnable, que diable! En voilà une idée, de vous manger les sangs comme ça! Au lieu de vivre tranquille, avec votre petite pension et la conscience d'avoir toujours bien fait votre devoir. Vous devriez être heureux, cependant.

— Non, non, répondit le père Lejars. Je ne serai pas heureux, tant que je n'aurai pas prouvé...

— Eh! qu'est-ce que vous voulez prouver, mon brave, sans aides, sans ressources? Vous avez beau être le père Lejars, vous ne pouvez pas à vous seul être plus fort que toute la préfecture. C'est un enfantillage. Vous qui êtes un homme sensé, réfléchissez un peu.

— Je ne réfléchis qu'à une chose : c'est qu'on m'a traité de vieille baderne.

— On a eu tort, c'est certain. Un mot malheureux! Mais il n'y a pas de quoi empoisonner votre vieillesse. Tous les braves gens de la préfecture, et moi le premier, et M. le préfet lui-même, soyez-en sûr, nous savons bien ce que vous êtes, et qu'il n'y a jamais eu de meilleur serviteur que vous, plus loyal, plus brave, plus expert.

— N'empêche qu'on m'a fendu l'oreille.

— Dame ! chacun son tour. Le mien viendra aussi !

— Mais il y a fendre l'oreille et fendre l'oreille. Je sais ce qu'on dit dans les bureaux, allez ; et dans la presse, donc ! Ce n'est pas seulement M. le préfet, c'est tout le monde à présent qui me traite de vieille baderne.

— Voyons, vous vous butez sur un mot, père Lejars.

— Possible. J'en aurai le cœur net.

— En quoi faisant ? En continuant vos enquêtes privées. Ça ne vous réussit pourtant guère. Encore une fois, vous ne disposez pas des moyens nécessaires pour ça. Vous perdrez votre temps et vos peines. Et voulez-vous que je vous dise une chose, moi, entre nous, en ami ? Eh bien ! en continuant, vous compromettrez la bonne opinion qu'on a de vous, voilà tout ce que vous y gagnerez. Et en même temps ça nous retombera sur le nez, à nous, les policiers de l'ancienne école. Est-ce là votre but, père Lejars ?

— Non, bien sûr. Et si je croyais une chose pareille..

— Croyez-la, mon ami. Ce que je vous dis est la vérité. Seul contre la préfecture, vous ne pouvez faire que des gaffes, et c'est nous tous qui en supporterons les conséquences, nous qui vous aimons, les vieux de là-bas.

— C'est tout de même exact, fit le père Lejars d'un air résigné. Je n'avais pas pensé à ça. Pardonnez-moi. Je me tiendrai tranquille.

— A la bonne heure! Vous voilà raisonnable. Allons, mon brave, ne vous faites plus de bile avec toutes ces folies-là. Soignez-vous et prenez bonne mine. C'est encore ça qui embêtera le plus vos ennemis.

— Je tâcherai, conclut le père Lejars, je tâcherai. Je ne vous demande qu'une chose en retour, une seule, un espoir qui me donnera le courage de bien me porter.

— Tout ce que vous voudrez, mon ami, si c'est possible.

— Eh bien! voilà. Au cas où il y aurait une affaire dont on ne viendrait pas à bout, une affaire *classée*, dont personne ne s'occuperait plus, je vous demande de me la confier, en service auxiliaire, pour me faire une distraction.

— Oh! ça, j'en parlerai à M. le préfet; je ne pense pas que cela souffre de difficulté. Ça lui sera même un moyen de réparer son mot malheureux. Vous pouvez considérer la chose comme entendue.

Et le père Lejars, ragaillardi par cette promesse, se reprit en effet à vivre.

Très peu de temps après, le chef de la sûreté le revit, encore jaune, fort amaigri, comme un homme toujours consumé par une idée fixe, mais non plus abattu et désespéré. Il semblait rajeuni, au contraire, vert, droit, d'aplomb, énergique.

— Vous voyez, dit-il, je suis prêt à la besogne. N'est-ce pas que je n'ai pas trop l'air d'une vieille baderne?

Mais il disait cela sans amertume apparente, et plutôt d'un ton bonhomme, presque en souriant.

Par malheur, le chef de la sûreté et lui, ils avaient compté sans la jalousie toujours en éveil du jeune policier protégé par le préfet, et sans l'hostilité du préfet lui-même. Oui, ce haut fonctionnaire, qui avait pris d'abord en plaisantant l'obstination du père Lejars, avait maintenant la mesquinerie d'en vouloir au vieux retraité. Quelques opérations moins heureuses avaient suscité des reproches dans la presse, où l'on avait dit que les fameuses réformes, annoncées à si grand fracas, ne produisaient pas les monts et merveilles promis. Le jeune policier, circonvenant le préfet, lui avait insinué qu'il y avait là un retour offensif du parti de la routine. Le père Lejars en avait été rendu responsable. On devait donc payer sa rancune de la même monnaie. Et deux ou trois affaires *classées*, sur lesquelles il avait déjà jeté son dévolu, ne lui furent pas confiées comme il l'espérait. Décidément, on ne voulait pas de lui, même à titre auxiliaire ! Il n'avait donc plus aucun moyen, aucun, de prendre sa revanche. Vieille baderne il était jugé, et condamné à mourir irrévocablement vieille baderne.

Il faut croire qu'à la longue il s'y était résigné; car deux mois se passèrent sans qu'il fît de nouvelles offres de service. Seul, le chef de la sûreté savait que ce silence ne cachait pas un renoncement. Il avait rencontré un jour le père Lejars, plus jaune et plus maigre que jamais, miné de fièvre, mais, plus que jamais aussi, résolu à terminer sa carrière par un coup d'éclat.

— J'attendrai, avait dit le vieillard. Il se présentera bien une occasion où la préfecture n'aura rien, absolument rien, aucun atout dans son jeu. Et alors j'engagerai la partie à chances égales. Et nous verrons.

— Ah ! fit le chef de la sûreté, je vous

reconnais bien là, père Lejars. Tous les hommes de l'ancienne école, nous sommes comme ça. Une fois sur une piste, sur une idée, nous ne démordons pas.

— Non, répondit le vieux policier, nous ne démordons pas. Et c'est pour ça que j'aurai le dernier, voyez-vous. Je suis de la race des bouledogues, moi.

Mais le bonhomme s'en faisait accroire, sans doute, ou bien il attendait une trop belle occasion. Toujours est-il qu'une année entière s'écoula sans qu'on eût de ses nouvelles. La préfecture continuait son train-train, tantôt faisant bonne chasse, tantôt demeurant bredouille, louée par les journaux du parti ministériel, dénigrée par les autres, en somme, malgré les réformes, ne donnant ni plus ni moins de satisfactions que ses devancières. Quant au père Lejars, il y était oublié maintenant, ou à peu près. On avait bien trop d'autres chats à fouetter, pour s'occuper de ce disparu. On songeait surtout au prochain changement de ministère, qui allait probablement entraîner la chute du préfet, et par suite amener un nouveau *chambardement* dans les bureaux. Il n'y avait qu'une chance de salut pour tout le monde, pour le préfet comme pour ses protégés : c'était quelque grosse affaire qu'on mènerait tambour battant, et qui démontrerait la nécessité de garder l'administration actuelle.

A point nommé, il en surgit deux, d'affaires. Et vraiment admirables.

— Une veine ! pensa le préfet.

— Ma foi ! dit son protégé, on les aurait commandées exprès, qu'on n'aurait pas eu mieux.

La presse, en effet, était en ébullition ; le public se passionnait ; il y avait double mystère ; et, de ce double mystère, la police était sûre de trouver rapidement la solution. Elle avait les signalements exacts des deux malfaiteurs, et n'était en retard que de quelques heures sur leurs pistes.

On se rappelle ces deux crimes, commis la même nuit : un sous-secrétaire d'État assassiné en chemin de fer, entre Étampes et Orléans, et une femme galante égorgée chez elle, rue du Rocher. Ce dernier meurtre ne faisait grand bruit, d'ailleurs, qu'à cause de la coïncidence. Les commentaires roulaient surtout à propos de l'autre. On faisait mille suppositions. Pour la femme galante, il ne s'agissait que d'un vulgaire assassinat suivi de vol. Mais pour le sous-secrétaire d'Etat, c'était toute une autre histoire. Ici, pas de vol, sinon un vol de papiers. Quels papiers? Papiers de famille ou papiers politiques? On ne savait. Les hypothèses allaient leur train, et les plus saugrenues trouvaient créance. Mais, en tout cas, il n'y avait qu'une voix pour réclamer de la police le mot si impatiemment attendu par la curiosité universelle. Or le bruit courait que le préfet avait dit :

— Nous dénouerons les deux énigmes à la fois.

Et les imaginations s'emballaient, combinant dans un étrange méli-mélo les deux affaires, comme si elles n'en faisaient qu'une. La préfecture laissait clabauder et inventer, sûre que son triomphe n'en serait que plus éclatant.

Car ce triomphe était sûr. Comment ne pas retrouver les deux assassins avec tous les renseignements qu'on avait? L'un, celui du sous-secrétaire d'Etat, rentré à Paris après son crime, y avait été revu le lendemain même. L'autre, celui de la femme galante, était un habitué des Folies-Bergère. Celui-ci, plus de vingt femmes, appelées en témoignage, l'avaient reconnu tout de suite à son signalement : un Brésilien, court, trapu, à la barbe et aux cheveux frisés, au teint olivâtre et remarquable par une balafre blanche qu'il avait à la joue droite. Il avait soupé avec Pauline Grédel, la victime, deux jours encore avant la fatale nuit, et elle s'était vantée, la veille même du crime, d'avoir rendez-vous avec lui pour le lendemain. Il n'y avait donc pas d'erreur possible à son égard. L'assassin du sous-secrétaire d'Etat n'était pas si aisément dépistable. Pourtant, l'employé du chemin de fer l'avait parfaitement considéré au départ, à cause de ses allures inquiètes ; et une famille de trois personnes montée à Orléans dans le wagon qu'il quittait, se le rappelait fort bien. Ces quatre témoins s'accordaient à le décrire ainsi : assez grand, distingué, bien mis, coiffé d'un chapeau à haute forme, les favoris roux, les yeux légèrement louches. Et c'était bien ce même individu qui avait été aperçu le lendemain, venant louer au Vaudeville deux fauteuils d'orchestre, qu'il n'avait d'ailleurs pas occupés le soir, la presse à ce moment ayant déjà raconté le crime. Avec tant de détails si précis, les coupables pouvaient-ils échapper à tous les limiers mis à leurs trousses, et le triomphe n'était-il pas certain ?

Il fallut rabattre de cette confiance, la préfecture fut obligée de l'avouer au bout de quelques jours. On avait bien retrouvé le domicile du Brésilien ; mais l'homme n'y était plus. Quant à l'autre, aucune réapparition nouvelle. Les pistes étaient perdues.

Ce fut un déchaînement de colère dans la presse et dans le public, et d'autant plus grand que la préfecture avait déjà chanté victoire. Le chef de la sûreté fut menacé d'être admis, avant terme, à faire valoir ses droits à la retraite. Le protégé du préfet fut sacrifié et, sans autre forme de procès, réintégré comme simple agent dans sa brigade. Le préfet lui-même devint la fable des échotiers et la tête-de-turc des journaux à caricatures ; et, s'il ne donna pas sa démission, c'est que son parti politique le forçait à rester en place jusqu'au changement de ministère.

— Ah ! monsieur le préfet, lui dit le chef de la sûreté, tout cela ne serait peut-être pas arrivé, si nous avions encore nos bons agents d'autrefois !

— Quels agents, quels, monsieur? répondit aigrement le préfet. Votre père Lejars, peut-être ?

— Eh ! monsieur le préfet, pourquoi pas ?

Il avait du bon, voyez-vous, le père Lejars. Il s'est tiré à son honneur d'affaires plus mystérieuses que celle-ci. Notre nouveau personnel est zélé, sans doute ; mais enfin, nos hommes ne possèdent plus...

— Les traditions, n'est-ce pas ? C'est les traditions que vous voulez dire ? Et vous croyez qu'avec les traditions et le père Lejars...

— On pourrait au moins essayer, monsieur le préfet. C'est un bon et fidèle serviteur, qui me demanderait, j'en suis sûr, qu'à servir encore, ne fût-ce que pour l'honneur du métier. Quelquefois, vous savez, ces vieux routiers-là !... Sans compter que si le père Lejars nous trouvait un joint, eh ! ma foi ! ce serait dans notre intérêt à tous, monsieur le préfet, à tous.

— Au fait, vous avez peut-être raison. Faites-le venir.

— Il est dans mon cabinet, monsieur le préfet. Il m'avait demandé à vous voir. Mais je n'osais pas...

— Est-ce qu'il sait quelque chose ?

— Il prétend que oui, monsieur le préfet.

— Ah ! vite, vite, amenez-le.

Le père Lejars fut introduit. Il avait un air vainqueur qui froissa le fonctionnaire. Mais quoi? Le chef de la sûreté avait dit le mot de la situation : le père Lejars pouvait les sauver tous. Le préfet fit donc bonne mine. C'était déjà la revanche pour le vieillard.

— Oui, dit le préfet, accentuant encore cette revanche, oui, nous avons besoin de vous. Les intérêts de la police avant toute chose, monsieur Lejars. C'est à votre dévouement pour eux que j'en appelle. Il paraît que, de votre côté, vous avez été plus heureux que nous?

— Je le crois, monsieur le préfet, répondit le père Lejars.

— Vous tenez une piste?

— Je tiens les deux.

— Comment! vous savez où sont les deux coupables?

— Il n'y en a qu'un, monsieur le préfet.

— Vous dites?

— Je dis qu'il n'y en a qu'un.

Malgré le ton convaincu et grave du vieux policier, le préfet ne put s'empêcher de sourire.

— Mais, fit-il avec une intonation méprisante, vous n'avez donc pas lu les journaux, au moins? Vous ne connaissez donc pas les signalements?

— Mille excuses, monsieur le préfet, je les connais. Mais je vous ferai observer que j'ai arrêté jadis le fameux Crusier, qui en avait cinq, lui, de signalements.

— D'accord, monsieur, d'accord. Mais ce Crusier était un bandit de profession. Ici, nous avons à faire à un criminel du monde, à une vengeance privée. Je parle de l'assassinat du sous-secrétaire d'État naturellement. L'autre...

— L'autre a été commis pour dépister du premier, monsieur le préfet. C'est, je vous le répète, le même homme...

— Comment ! La même nuit, à la même heure !

— Pardon ! le train retour d'Orléans arrive à Paris à deux heures trente et une minutes. L'assassinat de la fille Grédel a été exécuté vers les quatre heures du matin. Je demanderai à monsieur le chef de la sûreté, qui s'y connaît, si un homme comme Crusier n'aurait pas eu le temps, en une heure et demie, d'aller de la gare d'Orléans à la rue du Rocher, et de se *décamoufler* et *recamoufler* en route.

Le « *qui s'y connaît* » et les mots d'argot de la fin avaient été dits d'une façon nettement blessante, montrant bien le peu de cas que le père Lejars faisait de son interlocuteur. Le préfet n'en put supporter davantage. D'ailleurs, l'idée du vieux policier lui semblait si folle, si bête, qu'il ne sentait plus le besoin de le ménager. Evidemment le bonhomme radotait, repris par sa manie de grime et de déguisement, plus infatué que jamais de ses théories à la Vidocq.

— Eh bien ! moi, monsieur, riposta rageusement le préfet, moi qui ne m'y connais pas, je prétends que vous dites des balivernes, et que j'ai bien tort de perdre mon temps à les écouter, et que j'ai eu raison, mille fois raison, le jour où je me suis privé de vos services.

Le chef de la sûreté entraîna dehors le père Lejars, blême de honte et de colère. Il tâchait de le calmer, de le consoler ; mais, au fond, il pensait comme le préfet, que le vieillard en était au radotage. Quelle apparence y avait-il, je vous demande un peu, que l'assassin du sous-secrétaire d'État, cet assassin par vengeance, cet homme du monde, fût un bandit comparable à Crusier ? Et quelle aberration, de vouloir que cet homme et le meurtrier de la fille Grédel fussent un seul individu ! Oui, le père Lejars avait perdu la tête. Pauvre vieux ! Et, tout en le reconduisant, le chef de la sûreté essaya de le lui faire entendre.

— Alors, vous non plus, dit le père Lejars, vous non plus, vous ne me croyez pas ?

— Dame, voyons! c'est de la fantaisie.

— Alors, pour vous aussi, pour tout le monde à présent, je suis une vieille baderne !

Et le père Lejars s'en alla.

Deux semaines plus tard, le ministère était renversé, et le préfet de police tombait aussi, mais lui, en même temps, dans le ridicule, poursuivi par les brocarts de toute la presse, y compris celle de son parti; car personne ne lui pardonnait ses célèbres réformes si piteusement avortées, et son dernier fiasco devenu légendaire.

Le jour même de sa déconfiture, il reçut comme fiche de consolation la lettre suivante :

« Monsieur,

« Si jamais, ce qui est douteux, on vous renomme préfet de police, souvenez-vous que les traditions sont les traditions, que la vieille routine est encore ce qu'on a trouvé de mieux, et que le grime et le déguisement sont l'*a b c* de la police. Oui, monsieur, c'est un seul et même homme qui a commis les deux assassinats que vos jeunes gens ont laissés impunis. Cet homme connaissait l'art des Crusier et des Vidocq. Cet homme est, à l'heure présente, entre mes mains. Et puisque la police, désorganisée par vous, n'est plus capable d'arrêter de semblables criminels, je vais moi-même en débarrasser la société. On trouvera ses deux costumes, ses deux perruques, et son cadavre chez moi, où je ferai dans un instant sauter la cervelle à cette vieille baderne.

« Lejars. »

EN MOINS DE TEMPS

QU'IL N'EN FAUT POUR L'ÉCRIRE

EN MOINS DE TEMPS

QU'IL N'EN FAUT POUR L'ÉCRIRE

I

Ah ! la bataille à Paris, contre Paris, dans la mêlée des intérêts, des passions, des ambitions, la bataille terrible, acharnée, sans merci, mais avec la chance du triomphe ! Rêve superbe ; rêve banal aussi, car c'est celui de tous les jeunes provinciaux. Rêve au réveil presque toujours lamentable. Combien de ces papillons fous, envolés du pays natal où ils auraient pu être si heureux, et qui viennent ici brûler leurs ailes fragiles à la flamme de l'énorme lampe ?

Mais allez donc raisonner de la sorte avec un gaillard de dix-huit ans, fort de son orgueil, plein de vaillance et d'espoir ! Il vous appellera décourageur, oiseau de mauvais augure ; et ce sont vos réflexions qu'il trouvera banales et lamentables.

Ainsi avait pensé Félibien Lefeuve, quand sa bonne vieille tante lui avait dit :

— Tu as tort d'aller à Paris, mon garçon. La sagesse, vois-tu, c'est de continuer tout bêtement le petit commerce de ta mère. Sans doute, il ne marche pas bien fort. Dame ! une librairie, à Varincourt, dans un pays de quinze cents âmes, ce n'est pas le Pérou. Mais, enfin, ma pauvre sœur s'en est contentée tout de même, et elle a trouvé le moyen de t'élever avec ça. Tu peux à ton tour vivoter...

Vivoter ! Il s'agissait bien de vivoter ! Félibien, lui, voulait vivre, devenir riche. Et, puisque cela n'était pas possible à Varincourt, en route pour Paris !

Tout ce que la vieille tante avait obtenu, c'est que la librairie ne fût pas tout de suite mise en vente, comme le désirait Félibien. Il y avait à la maison un petit magot d'économies : deux mille francs. Eh bien ! cela suffisait pour tenter la fortune. C'était plus que n'avaient eu à leurs débuts tous les millionnaires dont Félibien parlait avec tant d'enthousiasme, ces fameux millionnaires arrivés à Paris en sabots.

— Mais au moins, mon garçon, avait ajouté la tante, si tu ne réussis pas, il te restera toujours un refuge assuré ici. Je tiendrai la librairie en ton absence. Comme ça, tu te garderas une poire pour la soif.

Félibien avait consenti à cet arrangement, par condescendance, et aussi par affection pour la bonne femme.

— Brave tante, avait-il pensé, elle n'est pas à son aise. Je lui laisserai la boutique. Elle y fera ses petites affaires tout doucement.

Car ce n'était pas un mauvais cœur, que Félibien Lefeuve. Ce n'était pas même une mauvaise tête, une de ces mauvaises têtes où pousse naturellement la fleur de l'aventure. A vrai dire, il avait fallu des circonstances toutes particulières pour faire germer dans sa cervelle les idées chimériques qui s'y épanouissaient maintenant comme des fleurs artificielles.

D'abord une grande fringale de liberté lui était venue après la mort de sa mère. Mme Lefeuve, tout en l'aimant beaucoup, l'avait toujours tenu assez sévèrement, non seulement lorsqu'il était demi-pensionnaire au collège municipal de Varincourt, mais encore depuis qu'il en était sorti. Il se sentait désormais la bride sur le cou, et prêt à prendre le galop ainsi qu'un poulain échappé.

Toutefois, le galop se serait borné sans doute à quelques fredaines dans la ville voisine, si Félibien n'avait eu à satisfaire que ce désir d'indépendance très explicable à son âge. Le malheur, c'est qu'il avait en ce moment l'imagination tout à fait grisée par la véritable ribote de romans à laquelle il s'était livré durant ces six derniers mois. Ribote n'est pas trop dire. Car le cabinet de lecture, dont il était maintenant propriétaire, il s'y était rué avec la gloutonnerie d'un ivrogne héritant d'une cave.

Romans de mœurs, romans d'aventures surtout, il avait tout avalé, dans une rage de curiosité enfantine et une fièvre de passion juvénile. De toutes ces histoires invraisemblables, auxquelles il avait naïvement ajouté foi, il s'était fait une idée de la vie et de Paris, comme un catéchisme de conduite.

Il faut l'avouer, d'ailleurs, bien que cela ne soit guère à la louange des faiseurs de feuilletons, cette idée était aussi malsaine que fausse et ce catéchisme n'avait rien de moral, au contraire. Félibien, en effet, se figurait Paris comme peuplé uniquement de coquins et d'imbéciles, et en avait conclu qu'il vaut mieux être parmi les premiers que parmi les autres.

Ajoutons, cependant, que cette conclusion n'était pas sans l'effrayer, quand il songeait aux moyens de passer de la théorie à la pratique. Ici, son honnêteté foncière se révoltait, et sa timidité naturelle venait aussi à la rescousse. Diable ! Il n'avait pas envie de finir, comme tel ou tel héros de sa connaissance, au bagne ou sur l'échafaud.

Au surplus, quelques efforts qu'il fît pour se croire décidé à tout, il eût été fort embarrassé, en somme, de décider seulement par quoi il engagerait la partie. Car il ne se sentait aucune de ces vocations irrésistibles qui vous indiquent un but à atteindre, une marche à suivre. Il n'était ni écrivain, ni artiste, ni inventeur, ni commerçant, ni quoi que ce fût, en réalité. Mais, précisément parce qu'il n'avait point d'aptitudes spéciales, il se jugeait un peu propre à tout.

— Et puis, se disait-il, à Paris, il arrive

tant de choses! Le principal est d'y être. On peut profiter d'un hasard, d'une complicité.

Et il rêvassait alors, tout éveillé, à quelqu'une des mille et une péripéties qu'il avait lues. C'est un cheval emporté qu'il arrêtait, sauvant ainsi les jours d'une riche héritière dont il devenait l'heureux époux. C'est un secret dont il trouvait miraculeusement la clef. C'est un enfant perdu, ou supposé, dont il découvrait la famille, famille toute-puissante, cela va sans dire. C'est une association mystérieuse dans laquelle il entrait sous un faux nom. C'est lui-même que l'on reconnaissait à des signes certains comme le descendant d'un prince de la finance. Et bien d'autres bourdes encore, dont les plus saugrenues lui semblaient, non seulement possibles et probables, mais de la plus ordinaire réalité.

Il s'était bien gardé, comme on peut le croire, de confier ces beaux plans à sa tante.

— A quoi bon? pensait-il. Elle ne me comprendrait pas. Elle aurait peur peut-être. La pauvre vieille! Ça ne connaît rien de rien à la vie. Ça n'est jamais sorti de son trou.

Et quand elle lui disait, non sans inquiétude:

— Mais enfin, qu'est-ce que tu y feras, dans ton Paris?

— Je ne sais pas, répondait-il. Je verrai venir. Je chercherai. Est-ce qu'on sait sur quel gibier on tombera quand on part à la chasse?

Et il était parti pour la grande forêt parisienne, où tant de gens se croient chasseurs quand ils ne sont que gibier, et quelquefois, hélas ! gibier de potence.

II

Les voyageurs, à l'imagination trop vive, ont presque toujours la cruelle déception de trouver la réalité inférieure à leur rêve. Mais Félibien, lui, était tout imagination, et il vivait tellement dans son rêve, qu'il le continua même en face de la réalité. Il était comme un homme à qui des lunettes de couleur auraient pris racine sur le nez, et qui ainsi ne pourrait plus rien voir autrement qu'à travers ses lunettes.

Paris ne lui apparut donc pas tel qu'il est, mais tel qu'il l'avait conçu, et absolument conforme aux souvenirs de ses lectures.

Tous les passants lui semblaient des personnages de roman, dont il essayait de reconstituer les histoires, les caractères. Certains lui faisaient l'effet de vieilles connaissances, tant il avait l'impression de les avoir rencontrés déjà. Pour un peu, il aurait mis des noms sur leurs figures. Arrivé du matin seulement, il se sentait tout de suite chez lui et comme qui dirait en pays conquis d'avance.

Il allait d'ailleurs au hasard, attendant vaguement quelque chose, sans savoir au juste quoi.

Soudain, une main lui frappa sur l'épaule, et une voix lui cria d'un accent familier :

— Bonjour, Lefeuve.

Il se retourna, regarda son interlocuteur, et ne put mettre un nom sur celle-ci, de figure.

C'était un homme de vingt-cinq ans environ, peut-être moins, mais en ce cas très fatigué, très usé, et paraissant beaucoup plus que son âge.

Une face hâve dans une barbe rousse. Des yeux rougis et fiévreux. Somme toute, une mauvaise mine.

Sans doute la misère était cause de ce délabrement précoce ; car le pauvre diable en arborait la livrée dans son costume sale et fripé, son linge douteux, sa redingote aux coutures blanchies, son pantalon effiloqué, ses bottines éculées, son chapeau presque aussi fauve que sa barbe.

— Je n'ai pas l'honneur de vous connaître, monsieur, dit Félibien. Vous faites erreur probablement.

— Allons, voyons, ne fais donc pas le malin, reprit l'autre avec un sourire goguenard. Comment ! Monsieur n'a pas l'honneur de me connaître ? Tu veux dire : de me reconnaître. Bah ! Après tout, il est possible que la barbe et la noce m'aient changé depuis sept ans. Mais, mon nom, tu te le rappelleras sans doute. Larbel ! Jules Larbel ! Hein ? Ça te revient maintenant ?

— Oui, en effet, répliqua Félibien. Et alors, c'est vous qui...

— Dis-moi donc tu, s'écria l'autre.

Et il tendit ses deux mains au jeune homme.

Mais Félibien ne se hâta point de répondre à cette marque de cordialité. Car il se souvenait de ce Jules Larbel, et même un peu trop. Il l'avait eu pour condisciple jadis pendant deux ans, un condisciple qui faisait partie des *grands*, tandis que lui-même était dans les *petits*, et un condisciple peu recommandable, qui avait été chassé du collège à la suite d'une obscure histoire de vol.

En songeant à ce renvoi, et en retrouvant le mauvais sujet dans la misère, peut-être dans la honte, Félibien ne se souciait guère de renouer des relations avec lui. Mais Larbel ne se tint pas pour battu à cause d'une poignée de main qu'on avait l'air de lui refuser. Il passa tout à coup et familièrement son bras sous celui de Félibien, et rentra pour ainsi dire de force dans la camaraderie d'autrefois.

— Alors, fit-il en ricanant, tu tires une bordée à Paris ?

— Quel drôle de langage tu parles ? Est-ce que tu es matelot ? répondit Félibien, qui chercha doucement à dégager son bras, mais sans y parvenir.

— Quelle bégueule tu fais ! riposta Larbel. N'aie donc pas peur, va. Je ne veux pas te manger tout cru. Pourquoi essayes-tu de me lâcher ? Parce que je suis mal mis. Ça ne prouve rien. Je peux te rendre service tout de même. Qu'est-ce que tu fais à Paris, voyons ?

— Et toi ? demanda Félibien.

— Ah ! malin ! répondit Larbel. Tu veux que je te dise mon histoire avant que tu ne dises la tienne. Soit ! Je comprends ta méfiance.

Tu n'es pas une bête. Nous nous entendrons.

Félibien regretta d'avoir, en quelque sorte, sollicité cette confidence. Mais il n'était plus temps de reculer.

— Ce que je fais, mon cher, continuait Larbel, c'est assez difficile à qualifier nettement. Je suis ce qu'on appelle un homme d'affaires. Mon métier dépend du genre d'affaires que je trouve. J'ai été clerc d'huissier, employé dans une banque, gérant de café, pion, commis, journaliste. J'ai des relations un peu dans tous les mondes, et j'en profite. Voilà ce que je fais.

— Tu en profites, interrompit Félibien. C'est une façon de parler, n'est-ce pas ? Tu ne m'as pas l'air....

Larbel éclata de rire.

— Ah ! tu viens bien de ta province, fit-il. Tu juges toujours les gens sur la mine. Je ne suis pas coquet, voilà tout. Mais cela ne m'empêche pas d'être quelquefois très calé, tu sais. Ainsi, tiens, en ce moment, par exemple...

Et, plongeant la main dans la poche de son mauvais pantalon, il en tira une poignée de monnaie, gros sous et pièces blanches, pêle-mêle, avec une vingtaine de louis.

— Eh bien ! ajouta-t-il en jouissant de

l'étonnement de Félibien, tu ne me trouves plus si méprisable à présent ? Dame ! Je pourrai t'en faire gagner aussi, des monacos. Reste à savoir à quoi tu es bon. Seulement, si tu ne veux rien me dire, bonsoir !

— Je n'ai rien à dire, répondit Félibien d'un ton piteux. Je suis venu à Paris pour chercher fortune, voilà tout.

— Comme ça, au petit bonheur ?

— Mon Dieu ! oui.

De nouveau Larbel éclata de rire. Félibien en fut vexé. Evidemment on le prenait pour un niais ! Ah ! mais non ! Il n'était pas si bête que ça, en somme !

Et d'une haleine, avec enthousiasme, avec orgueil, il raconta ses rêves, ses plans, comment il entendait faire son chemin en prenant pour point de départ la première bonne occasion, sur laquelle il sauterait, et qu'il savait bien de quelle façon on se tirait d'affaire à Paris, et qu'il était prêt à tout pour réussir, oui, prêt à tout.

— Diable ! fit Larbel en affectant un air très sérieux. Mais alors, tu es un gaillard ?

— Je le crois, répondit fièrement Félibien.

Larbel avait eu un imperceptible sourire dissimulé sous sa barbe.

— Et, dit-il brusquement, tu as un capital pour commencer ?

Félibien fut sur le point de montrer ses deux mille francs, qui humilieraient la poignée de louis de Larbel. Mais il se souvint à temps de la dernière recommandation que lui avait faite sa vieille tante en le mettant en vagon :

— Surtout, lui avait-elle dit, ne laisse pas voir ton argent aux Parisiens. Il paraît qu'ils ont de la glu, non seulement aux doigts, mais aux yeux.

Il se contenta donc de répondre à la demande de Larbel :

— Oh ! peu de chose. De quoi attendre trois semaines, un mois.

Mais Larbel avait parfaitement discerné la vérité, sous ce mensonge un peu tardif et dit d'une voix hésitante. Eh ! eh ! le petit possédait un sac ! Attention !

— Regarde-moi un peu ! fit tout à coup Larbel en s'arrêtant et en se campant bien en face de Félibien. Ou plutôt, laisse-moi te regarder. Ne t'effarouche pas. C'est une idée qui me vient. Une fameuse idée !

Félibien rougissait, non sans une vague inquiétude, sous le regard de Larbel qui l'examinait, avec des clignements d'œil et des clappements de langue, comme un maquignon qui toise un cheval.

— Quoi? Qu'est-ce qui te prend? faisait le jeune homme.

— Oui, oui, marmottait Larbel, c'est à peu près ça. On pourra voir. Tu n'es pas vilain garçon, sais-tu? Grand, mince, plutôt élégant. La figure distinguée. Les yeux gris, ce qui est un indice de domination. Avec un je ne sais quoi à trouver, ça ferait bien la chose. Un nom là-dessus, un beau nom, et l'affaire est à peu près sûre.

— Mais que veux-tu dire, enfin? balbutia le jeune homme. Explique-toi. Je ne comprends pas.

— Ah! cristi! s'écria Larbel, tu peux te vanter d'avoir une vraie chance, toi, de m'avoir rencontré. C'est renversant tout de même, le hasard!

— Dis-moi, dis-moi vite? interrogea Félibien avec angoisse.

Et il bénissait, en effet, le bienheureux hasard qui l'avait jeté sur la route de cet aventurier; et il imaginait déjà un prodigieux roman, aussi invraisemblable et aussi croyable pour lui que tous ceux dont il s'était farci la cervelle. Oui, bien sûr, un roman dont il allait devenir le héros, grâce à une ressemblance qu'il avait, sans doute, avec un quelque grand et mystérieux personnage! Larbel avait parlé d'un beau nom, et lui avait trouvé la figure distinguée.

— Vite, vite, mets-moi au courant, répétait l'impatient jeune homme.

— Oh! tu es trop pressé, fit Larbel. Il ne faut pas aller plus vite que les violons. J'ai une idée, c'est vrai. Mais de là à l'exécution, il y a un pas. Tu comprends, moi, ce que j'en fais, ce n'est pas uniquement pour tes beaux yeux. J'ai mon intérêt aussi. Parce que, vois-tu, je suis franc. Si je m'occupe de toi, c'est que j'y trouve mon compte. Tu admets bien ça, hein?

— Cela va sans dire, répondit Félibien.

Mais, du coup, son enthousiasme était tombé; et, repris de méfiance, il porta machinalement la main à la poche de côté de sa redingote, pour y palper son portefeuille.

— Oh! ne crains rien pour tes quatre sous, fit Larbel, à qui ce mouvement n'avait pas échappé. Il s'agit bien de ça! Moi, je ne demande d'honoraires qu'après réussite. Ainsi, tu vois!

— Réussite de quoi? interrogea de nouveau Félibien.

— Tu le sauras plus tard, curieux, répliqua Larbel. Par exemple, suppose un mariage. Eh bien! il me semble que j'aurais droit à une petite remise, hein? Je ne travaille pas pour le roi de Prusse, en somme. Et alors, il est tout naturel qu'avant de manigancer la chose, je veuille prendre des garanties. Voilà tout ce que j'exige; rien de plus.

— Mais c'est entendu, s'écria Félibien. Mais tant qu'il t'en faudra, des garanties. Je te répète que je suis prêt à tout. Un mariage, as-tu dit?

— J'ai dit : suppose. C'est un mariage... ou autre chose peut-être. D'ailleurs, ce n'est pas dans la rue qu'on parle de ça. Tiens, je t'invite à dîner. Nous causerons au dessert. Allons prendre un apéritif en attendant. Il n'est que cinq heures.

Ces lenteurs irritaient Félibien, qui eût voulu savoir tout de suite dans quelle étrange aventure il était prêt à s'embarquer.

— Viens plutôt chez moi, dit-il, et causons immédiatement. A quoi bon remettre?

— A quoi bon? A quoi bon? fit Larbel.

Mais c'est que je ne suis pas seul, mon bonhomme. Il faut que je consulte mon...

— Ah! tu as un associé? interrompit Félibien.

— Un chef, plutôt.

— Un chef? Vraiment?

— Chut! fit Larbel en se posant le doigt sur les lèvres avec un air mystérieux.

Et ce mystère, et l'idée de cette association, de ce chef, faisaient ouvrir à Félibien de grands yeux émerveillés et lui donnaient un délicieux frisson à la fois d'espérance et d'épouvante.

— Et, demanda-t-il, quand le verras-tu, ce chef?

— Demain seulement.

— Comment! pas avant demain?

— Non. Mais ce soir, à mon restaurant, je pourrai dire un mot à son second et savoir tout de suite si je dois te faire des ouvertures.

Ils s'étaient attablés à un café, et Larbel avait commandé deux absinthes. Félibien avala la sienne très rapidement, sans prendre garde à ce qu'il buvait. Et aussitôt, une chaleur lui monta au cerveau, y faisant tourbillonner plus follement les folles idées qui déjà y commençaient leur sarabande.

Il parlait avec abondance, revenait sur le souvenir de ses lectures, expliquait ses théories romanesques ; et Larbel ne l'interrompait que pour s'exclamer de temps à autre :

— Dire que ça arrive, toutes ces choses-là ! On croit que c'est seulement dans les livres. Eh bien ! pas du tout. Ça arrive. Tu verras.

— Ah ! s'écriait Félibien, c'est étonnant, ce Paris !

— Ne m'en parle pas ! faisait l'autre.

Et lui-même renchérissait sur les histoires imaginées par le jeune homme. Il en racontait de plus extraordinaires encore dont il citait les dates, les noms.

Il ne s'agissait que d'avoir de la veine ! Ainsi, lui, Félibien, il avait de la veine. Juste en débarquant à Paris, il trouvait la pie au nid. Une affaire où il y avait des millions !

— Des millions ! répétait Félibien avec extase.

— Oh ! mais j'ai tort de parler, répliquait Larbel. Si, après, le patron ne voulait pas ! C'est qu'il n'est pas commode, le patron. Causons d'autre chose, ça vaudra mieux.

Mais toujours la conversation revenait sur les romans de Paris, et sur les aventuriers qui vivent ces romans mystérieux. Il ne fut question que de cela jusqu'à l'heure du dîner, et encore pendant le dîner que Larbel offrit dans un petit restaurant de Montmartre. Et Félibien se grisait autant de ces calembredaines que du vin, dont Larbel lui versait d'ailleurs de larges rasades.

Comme ils en étaient aux liqueurs, un homme, à mine de bookmaker, vint parler à Larbel, en anglais.

— C'est le lieutenant, dit Larbel à Félibien, quand l'homme fut sorti.

Félibien, à ce moment, n'avait presque plus son sang-froid, au point qu'il ne songeait plus à demander les fameuses explications qu'il attendait tantôt avec tant d'impatience. Il lui restait juste assez de raison pour sentir qu'il allait perdre définitivement le peu qu'il en avait encore.

— J'ai trop bu, dit-il. Qu'est-ce qu'il va penser de moi, le lieutenant?

— Oh! rien de mal, tranquillise-toi, répondit Larbel. Au contraire, il est bon qu'on se déboutonne un peu, entre futurs complices. Le vin délie la langue. Ainsi, moi, je t'ai dit des choses. Tu te rappelles, tout à l'heure, cette histoire à propos de la compagnie des Indes? Tous ces millions! Eh bien! c'est ça, notre affaire. Tu sauras les détails demain.

— Est-ce qu'il ne s'agissait pas d'une jeune fille? demanda Félibien, d'une voix barbouillée.

— Précisément.

— Et alors, le mariage?...

Il avait la tête lourde, la langue pâteuse. Ses yeux papillottaient. Il se leva, les jambes flageolantes. Larbel vint le soutenir et le conduisit dans une sorte de petite salle, au fond, où se trouvait une large banquette. Comme il n'y avait là personne, le gaz y était baissé.

— Fais dodo, mon petit, dit Larbel.

Et il laissa tomber sur la banquette Félibien, qui s'y endormit aussitôt d'un sommeil trouble et fiévreux, en bégayant des paroles inarticulées.

III

Par suite de quelles péripéties Félibien, après s'être endormi sur cette banquette, se retrouva-t-il couché dans une chambre d'hôtel? Voilà ce qu'il n'aurait pu dire.

Son dernier souvenir précis était celui de cette petite salle, au fond, où le gaz était baissé, et où il avait dit à Larbel, avant de s'endormir :

— Prêt à tout, tu entends bien, prêt à tout.

Après cela, une ribambelle d'images confuses : des rues grouillantes, pleines de gens qu'il lui semblait reconnaître pour les avoir vus dans des feuilletons ; puis des cafés, tous pareils à celui où il avait pris une absinthe ; puis des petits verres de liqueurs variées, bus en racontant et en écoutant d'étranges histoires.

De tout ce pêle-mêle se dégageait seulement la figure de l'homme qui était venu parler en anglais à Larbel. Et encore, cette figure prenait-elle des proportions presque fantastiques, énormes.

D'ailleurs, il semblait à Félibien que l'homme avait reparu dans la soirée, et que, cette fois, il s'était exprimé en français, montrant des papiers couverts de chiffres vertigineux et timbrés du cachet de la compagnie des Indes.

Et un mot, un mot magique, revenait comme un refrain au bout de tous ces vagues souvenirs. Ce mot, Félibien le répétait en ce moment à haute voix :

— Des millions ! disait-il. Oui, des millions !

Il regarda autour de lui. La chambre lui était inconnue. Il faisait grand jour.

Par terre, gisaient ses habits tout fripés, avec deux larges accrocs dans un des pans de sa redingote. Sur la commode s'aplatissait son chapeau à haute forme, cassé en accordéon, et la soie à rebrousse-poil.

Brusquement, Félibien fut pris de peur. Il venait d'apercevoir, sur sa manchette de chemise, une tache de sang.

Il se leva d'un saut. Mais il faillit tomber en se trouvant soudain debout. La tête lui tournait. Il s'affaissa sur le bord du lit.

— Ah çà ! pensa-t-il, que m'est-il donc arrivé ? Oui, c'est cela. On m'aura fait boire encore. J'ai dû être ivre-mort. Je me suis battu. On m'a volé peut-être ?

Tout à fait remis d'aplomb à cette idée, il courut à sa redingote, chercha dans la poche son portefeuille, et resta foudroyé en constatant qu'il n'y était plus.

— Oh ! le misérable ! s'écria-t-il.

Et il se mit à appeler Larbel d'une voix tonnante. En même temps, sans savoir pourquoi, il était sorti sur le carré, et heurtait violemment à la porte voisine.

Un petit trou, bouché avec un tampon de

papier, à hauteur de tête, s'y déboucha tout doucement. Puis Félibien entendit un grand éclat de rire, et la porte s'ouvrit.

— Ah! c'est toi? Bon! disait Larbel, j'avais peur d'un créancier. C'est pourquoi...

Il n'avait pas achevé sa phrase que Félibien lui sautait à la gorge en hurlant :

— Voleur! voleur! Mon portefeuille!

D'un coup de poing, Félibien, encore mal assuré sur ses jambes, alla rouler par terre.

— Pas de blague, fit Larbel. A bas les pattes, mon petit. Tu es donc encore soûl, voyons.

Félibien s'était relevé, un peu abasourdi, mais de plus en plus furieux.

— Tâche de te tenir tranquille, hein! dit Larbel en brandissant un petit jonc à pomme plombée. Ne bouge pas, ou tu feras connaissance avec Zozo. Tu sais, Zozo, c'est ce petit joujou-là. Ça vous assoit un homme sans qu'il ait le temps de dire ouf... Calme-toi, va, ça vaudra mieux que de te faire épousseter par Zozo.

— Lâche! gredin! grogna Félibien sourdement.

— Oh! des sottises, tant que tu voudras! répondit Larbel sans s'émouvoir. Les sottises, ça m'est égal. Mais pas de jeu de mains ! Et puis, quoi. Expliquons-nous. C'est ton argent que tu réclames ?

— Oui, mon argent que tu m'as volé.

— Volé ! Dis donc sauvé. Il serait loin, ton pauvre argent, si je te l'avais laissé, dans l'état où tu étais. Je l'ai mis en sûreté, voilà tout. Tiens, le voici...

Et Larbel lui jeta son portefeuille.

— Oh ! tu peux compter, ajouta-t-il, il ne manque rien. Et j'espère qu'après cette preuve de loyauté, tu ne douteras plus de moi.

— C'est vrai, répondit Félibien, les larmes aux yeux.

— Alors, dit Larbel, allons déjeuner. Le moment est venu de te faire les graves ouvertures dont je t'ai dit un mot hier. Mais, avant, laisse-moi bien te prévenir. Ce que je vais te confier, c'est un secret terrible. Une fois notre confident, tu seras, par cela même, notre complice. Y es-tu décidé ?

Félibien tremblait, et c'est en balbutiant qu'il demanda :

— Est-ce qu'il s'agit d'un crime ?

— Peut-être, répliqua Larbel avec une expression sinistre.

Félibien ne put s'empêcher de tressaillir.

En même temps, une hésitation lui venait. Allait-il donc s'engager dans quelqu'une de ces noires aventures où l'on risque son honneur et sa vie ? Etait-il prêt même au crime, pour faire fortune ? Mais, d'autre part, s'il refusait maintenant la confidence offerte, n'était-ce pas encourir la vengeance des dangereux coquins qui s'étaient en quelque sorte livrés à lui par cette seule proposition ? Toute réflexion faite, ne valait-il pas mieux devenir leur allié que leur ennemi ?

— Eh bien ? interrogea Larbel. Est-ce dit ? Acceptes-tu notre secret ?

— Oui, répondit Félibien d'une voix ferme. Mais pourquoi ne me dis-tu pas la chose ici, tout de suite ?

— Parce que les chambres d'hôtel ont des oreilles. A mon restaurant, à la bonne heure ! Nous serons chez nous. Et puis, c'est là qu'on doit venir nous prendre pour nous mener auprès du patron.

— Qui ça ?

— Le lieutenant, parbleu.

Félibien s'habilla vite, remplaçant sa redingote déchirée et son chapeau de soie écrasé par un veston et un feutre que lui prêta Larbel ; ce veston et ce feutre ressemblaient d'ailleurs à ceux du lieutenant, et Félibien en fit la remarque.

— C'est vrai, dit Larbel en riant. Et ça va même très bien pour ta présentation au chef. Ça te donne un air *english* qui lui plaira.

Ils retournèrent dans le petit restaurant où ils avaient dîné la veille, et s'installèrent dans le cabinet du fond.

— Couvert fermé, n'est-ce pas? dit Larbel au garçon qui les servait.

Le garçon cligna de l'œil, comprenant ce que signifiait cette consigne mystérieuse, et il leur apporta en effet un déjeuner à l'anglaise, c'est-à-dire tous les plats à la fois sur la table, pour n'avoir pas à revenir. Après quoi il sortit, les laissant tout seuls dans la pièce soigneusement close.

Aussitôt le premier appétit calmé, Larbel alluma une cigarette. Une habitude qu'il avait, de faire ainsi, comme il disait, un trou de fumée au milieu du repas. Puis, posant ses deux coudes sur la table :

— Et maintenant, fit-il, à notre petite histoire ! C'est le moment de montrer mes qualités de narrateur. Un vrai conte de fées, ce que tu vas entendre ! Attention !

Il se moucha, toussa, cracha, avec des façons

de pître qui firent sourire Félibien, malgré l'impatience où il était et la gravité que lui inspirait l'approche de la terrible confidence.

— Voici, commença Larbel. Il y avait une fois un pauvre homme d'ouvrier anglais qui vivait à Londres avec sa femme et sa fille. Des honnêtes gens ! La crème des honnêtes gens ! Aussi, n'étaient-ils pas heureux, car la vertu n'est jamais récompensée. Et donc ils tiraient violemment le diable par la queue, en anglais *tail*.

— Comme tu es long, dit Félibien.

— Je t'apprends un mot d'anglais en passant, répondit Larbel. Ce n'est pas du temps perdu. Tu verras. Je reprends. Ils étaient, disons-nous, malheureux. Le mari travaillait aux docks. La mère et la fille fabriquaient des poupées en chiffons

— Comme dans Dickens, ne put s'empêcher de remarquer Félibien.

— Absolument, continua Larbel. Or, avec le fruit de ce travail, il y avait tout juste de quoi ne pas mourir de faim. Seulement, le père jouissait, comme on dit, d'une mauvaise santé, et la mère partageait cette déplorable habitude. Un mois de maladie par-ci, un mois de chômage par-là, le médecin et les drogues à payer, les dettes, il résultait de tout cela une jolie pauvreté qui aurait eu du succès dans une exposition de misère. Je ne développe pas. Tu vois le tableau d'ici.

— Oui, oui, interrompit Félibien que ces lenteurs exaspéraient. Mais va plus vite.

— Laisse faire, reprit Larbel. Je raconte avec beaucoup d'esprit. D'ailleurs, ça va devenir palpitant, ne t'impatiente pas. Voici une première péripétie. Prépare-toi. Un vrai coup de théâtre ! Y es-tu ?

— Marche donc, lambin. Voyons ton coup de théâtre.

— Vlan ! Changement de décor à vue ! Mais ne t'esbloque pas, au moins ! Ne va pas crier à l'invraisemblance, à la blague ! Tout ce que je vais te dire est de la plus stricte vérité.

— Oh ! que tu es ennuyeux avec tes préambules !

— Eh bien ! Cet ouvrier anglais avait un frère, parti depuis longtemps aux Indes.

— Et ce frère, interrompit Félibien, était mort en le laissant héritier d'une immense fortune. C'est cela, n'est-ce pas ? Je devine ton histoire. C'est vieux comme tout.

— N'importe ! répliqua Larbel. Je ne suis

pas responsable des rabâchages du hasard. Je n'invente pas, moi ; je raconte. Oui, ce frère lui laissait une immense fortune, quelque chose comme cent mille livres sterling, ce qui représente, en bel argent français, deux millions cinq cent mille balles. La vertu était enfin récompensée.

Félibien sourit de nouveau à cette réflexion faite d'un ton comique, et, en même temps, ses yeux s'allumèrent au mot de million.

— Oui, reprit Larbel ; mais va te faire fiche ! Le vice était là qui guettait, le vice plein d'astuce, l'excellent vice qui coupe l'herbe sous le pied à la vertu. Le vice ici était représenté, et admirablement, par le premier commis du frère, un commis de confiance, lequel, d'ailleurs, a été puni plus tard comme s'il avait été vertueux. Mais n'anticipons pas.

Félibien poussa un gros soupir. Sa patience était à bout.

— Assez plaisanté ! fit brusquement Larbel. Maintenant, je quitte le ton spirituel pour devenir tout à fait sérieux. Ce qui me reste à te dire est assez embrouillé. Suis-moi bien.

Félibien était haletant.

— Ce commis, continua Larbel, possédait

tous les papiers nécessaires à la liquidation de la maison. Sans ces papiers, pas d'héritage possible ! La fortune, par suite de certains contrats trop longs à détailler ici, passait entre les mains de la Compagnie des Indes. D'autre part, notre coquin ne pouvait se servir pour lui-même de ces papiers, n'étant pas parent du défunt. Voici donc la situation : les papiers sans le pauvre homme d'héritier restaient sans valeur ; mais le pauvre homme sans les papiers restait pauvre homme. Comprends-tu

— Bien sûr, dit Félibien. Rien de plus clair !

— Eh bien ! c'est ce qu'il n'a pas voulu comprendre, le pauvre homme, lui ! Pourtant le commis lui expliqua très nettement la chose. Aussitôt arrivé à Londres, il exposa le cas à l'héritier possible, lui fit lire tout au long une copie des papiers qu'il avait préalablement mis en sûreté, et proposa ensuite l'arrangement suivant, fort gentil : part à deux !

— Et l'autre refusa ?

— Naturellement. Ces pauvres sont tous les mêmes ! Bêtes comme des oies ! Celui-ci pouvait gagner plus d'un million, qui lui tombait du ciel comme une alouette toute rôtie, et quelle alouette ! Mais il ne supporta pas l'idée d'en perdre autant, d'être iniquement et cyniquement dépouillé. Il compta sur la justice des hommes. Quels crétins, ces honnêtes gens !

— Trêve de réflexions ! interrompit Félibien. Au fait, au fait ! Comment tout cela se termina-t-il ?

— Oh ! bien simplement. Notre coquin n'était pas coquin à demi. Il dénicha un autre coquin, un médecin aliéniste qui trouva l'affaire bonne et ne demanda pas mieux que d'y entrer corps et âme. Et un beau jour, l'imbécile de pauvre homme fut enfermé comme fou. Tu sais que ça se passe sans cérémonie en Angleterre. Un pays délicieux pour ça !

— Mais qu'espérait-on, en agissant de la sorte ?

— Parbleu ! Amener par la torture le pauvre homme à signer une reconnaissance de la moitié de l'héritage, et lui faire comprendre, par tous les moyens possibles, tous, entends-tu, la nécessité de cette transaction.

— C'était bien joué, en effet.

— Oui, mais pas pour notre coquin.

— Comment cela ?

— Il avait trouvé son maître dans son

associé. Le médecin, non content de la prime promise en cas de succès, s'est dit qu'il vaudrait mieux manger tout le gâteau. Pour cela, il fallait évincer le commis et s'emparer des papiers.

— Et il l'a fait? Par quels moyens?

— Encore des détails trop longs à te raconter. Tu vois que j'abrège. C'est toi qui me demandes de développer à présent. Mais non! Coupons court. Donc, le médecin arriva à ses fins. Et même, pour être sûr que le mouton écorché ne crierait pas, il le fit disparaître. Le commis...

— Fut aussi enfermé comme fou?

— Mieux que ça, mon cher. Passé aux profits et pertes. Disparu, je te dis.

— Assassiné?

— Chut! Pas de ces mots-là. Disons qu'il a été puni comme il le méritait, et passons!

Félibien frissonna.

— La situation, reprit Larbel, ne devenait pas meilleure pour l'héritier. Au contraire! Le médecin se montra, en effet, plus exigeant. Il demanda, lui, deux millions, n'offrant plus que cinq cent mille francs au pauvre diable. Refus plus que jamais, comme bien tu penses.

— Mais il n'y a pas moyen d'en sortir!

— Non, avec le bonhomme. Car on ne peut pas le passer aux profits et pertes, lui. Sa vie est indispensable. Et il le sait bien, l'animal ! C'est pour ça qu'il tient bon.

— Et alors ?

— Alors, on a pris la chose d'un autre côté. Épouser la fille, tout est là. Et c'est ici que ça se corse. Car la fille et la mère se sont doutées du coup de temps. On les laissait malheureusement voir le père. Et ils ont combiné ensemble ceci : que la mère et la fille disparaîtraient pour échapper aux embûches. Et un matin, pft ! plus personne ! Rien que le père, toujours enfermé, mais inébranlable.

Larbel se frottait joyeusement les mains, en racontant cette péripétie nouvelle, qui pourtant semblait avoir ruiné tout le plan du médecin.

— Mais, dit Félibien, tout était perdu.

— Non, répliqua Larbel. Car les fugitives, nous les avons retrouvées.

— Et après ?

— Après ? Dame ! Il ne s'agit plus que de se faire aimer par la fille, et de l'épouser.

— Et c'est moi qui ?...

— Oui, c'est toi qui !... Crois-tu que tu en as, une chance, de m'avoir rencontré !

— Et ma part sera?

— De deux millions.

Félibien resta pétrifié.

— Oui, deux millions, répéta Larbel. Car, maintenant, c'est deux millions que lâche le médecin. Et tu vas comprendre pourquoi. Il y a aujourd'hui cinq ans que le frère à héritage est mort. Durant ce temps-là, la maison de Calcutta a été gérée, pour le compte des héritiers possibles, par la Compagnie des Indes, en attendant qu'elle fasse légalement retour à l'Etat. Or, les affaires ont prospéré d'une étonnante façon pendant ces cinq ans. L'argent a fait des petits. A l'heure qu'il est, l'héritage se monte à sept millions.

Félibien eut un soubresaut, et il s'écria soudain :

— Comment! sept millions! Et on ne m'en offre que deux!

— Allons, bon, fit Larbel, voilà que tu fais le dégoûté aussi, toi, comme le pauvre homme! Ah! prends garde, mon cher! Ne cherche pas à discuter avec le patron. Rappelle-toi le commis d'ailleurs, si tu n'es pas satisfait, il faut le dire, tu peux encore te retirer de l'affaire. On ne te force pas.

— Me retirer de l'affaire! s'exclama Félibien. Es-tu fou? Mais j'accepte, j'accepte. Allons trouver le chef tout de suite, allons!

Justement, la porte était en ce moment ouverte par le garçon qui introduisait l'homme d'hier, l'homme à la mine de *bookmaker*.

— Je viens vous chercher, dit cet homme, avec un fort accent anglais. Le patron vous attend.

Félibien fut un peu étonné de cette soudaine apparition qui semblait réglée d'avance. On eût cru que l'homme était en sentinelle derrière la porte, et qu'il avait fait son entrée juste au moment psychologique. Mais Félibien n'avait plus le loisir de réfléchir. Il se sentait dans l'action. En route!

Il sauta dans la voiture du lieutenant, une voiture de maître qui stationnait devant le restaurant. Les deux autres s'y installèrent avec lui. Et fouette, cocher!

Aucun mot ne fut échangé pendant les dix minutes à peu près que dura la course. Chacun des trois hommes demeurait absorbé. Au surplus, les stores de la voiture, des stores en bois, étaient baissés, et on roulait comme dans la nuit.

On fit halte à l'intérieur d'un petit hôtel isolé en un quartier neuf que Félibien imagina se trouver du côté du parc Monceau, mais sans en être bien sûr.

Un valet de pied introduisit les trois hommes dans un salon, dont les volets étaient fermés et les rideaux tirés, et qu'illuminait un lustre à becs de gaz.

Le mystère de cette course en voiture de maître close comme une voiture cellulaire, le mystère plus grand encore de ce salon qui ressemblait à une boîte sans issue, le silence de cet hôtel entouré de jardins, tout cela n'était pas sans effrayer quelque peu Félibien, malgré l'enthousiasme intérieur que lui inspirait la pensée des millions.

Son enthousiasme l'abandonna tout à fait, pour faire place à une réelle épouvante, quand il vit enfin le chef, le terrible docteur anglais.

C'était un vieillard d'aspect glacial.

Grand, énorme, il semblait figé dans sa graisse. Il évoquait l'idée d'un monstrueux hippopotame endormi.

Ce qui le rendait particulièrement sinistre, c'était surtout cette obésité. Car on se figure en général les gens gras comme de joyeux vivants, et celui-ci, au contraire, était un gras triste, morne, qui suait le spleen.

Sa face large n'avait rien d'une trogne, de

ces bonnes trognes anglaises, pléthoriques et crevant de santé, où fleurit le sang des roast-beefs et le soleil doré des bières fortes.

Elle s'aplatissait sur un menton à plusieurs étages, bouffie, blafarde, dans son cadre de barbe roussâtre, mêlée de poils blancs, sous son crâne nu, luisant et pâle comme une motte de beurre.

Mais cette pâleur malsaine était comme incendiée par deux petits yeux, très petits et très noirs, dont le regard était perçant ainsi qu'une vrille. Et ces deux étincelles vivaient étrangement dans cette peau flasque et presque morte.

Félibien avait grand'peine à supporter l'éclat de ce regard, dont il se sentait pénétré, traversé, comme fouillé ; car, en ce moment, le docteur l'examinait et lui retournait en quelque sorte ce regard jusqu'au fond de l'âme à la façon d'un scalpel.

— Oui, en effet, dit-il enfin d'une voix nette et coupante, et presque sans accent, en effet, ce gentleman est notre affaire. Merci, monsieur Larbel. Je suis content de vous.

Puis, s'adressant à Félibien, il ajouta :

— Parlez-vous l'anglais ?

— Mal, monsieur, répondit Félibien en essayant de dominer son trouble. Je ne sais d'anglais que ce que l'on apprend dans les classes.

— C'est-à-dire que vous ne savez rien, interrompit le docteur. Avez-vous bonne mémoire, au moins ?

— Oui, monsieur.

— Vous apprendrez donc l'anglais, reprit le docteur. Il faudra que vous le parliez très suffisamment, en un mois.

— Soit, monsieur, répondit Félibien avec une naïve assurance.

Le docteur se tourna vers Larbel et le lieutenant, et leur dit en anglais :

— Il sera même bon de lui trouver un professeur qui lui enseigne un peu l'irlandais. Car Lucy s'entretient souvent dans ce patois avec sa mère, qui est de Dublin.

Félibien avait compris à peu près, et ne fut pas fâché de montrer qu'il n'était pas aussi ignorant en anglais que le docteur se plaisait à le croire.

— J'apprendrai aussi l'irlandais, fit-il. Mais qui est cette Lucy ? J'attends toujours des détails plus circonstanciés sur le rôle qui me revient en toute cette histoire.

Le docteur lui jeta un regard hautain, et répondit :

— Moins de précipitation, jeune homme, je vous prie. Vous n'êtes pas ici pour commander, mais pour obéir. Avant tout, veuillez prendre cette plume, et écrire sous ma dictée ce que je vais vous dire, et que vous signerez.

Félibien ne se déconcerta pas. En somme, on avait besoin de lui. Il pouvait donc tenir la dragée haute à ce brigand, qui parlait vraiment avec un peu trop de morgue.

— Je suis prêt à écrire, répliqua-t-il. Quant à ma signature, elle dépendra du contenu de cet engagement.

— Écrivez donc, fit le docteur, sans avoir l'air de remarquer la pointe d'insolence de cette phrase. Écrivez sur cette feuille de papier timbré, avec légalisation préalable.

Et il dicta lentement les lignes suivantes :

« Je, soussigné, Félibien Lefeuve, aujour-
« d'hui, le,....

Il s'arrêta pour dire :

— Laissez la date en blanc.

Puis il continua :

« m'engage comme secrétaire du docteur
« Harry Hutchinson, moyennant une somme
« de cinquante mille francs une fois payée,
« que je lui rendrai à première réquisition,

« si je cesse de le servir avant l'expiration des
« dix années que doit courir le présent con-
« trat. »

Félibien avait écrit, très étonné, ne comprenant pas à quoi rimait cet engagement sin-
gulier.

— Signez maintenant, dit le docteur.

— Mais, objecta Félibien, que signifie cet
acte ? Je voudrais savoir...

— Rien de plus simple, interrompit Larbel.
Je suis lié de la même façon. Au cas impro-
bable où nous trahirions le docteur, comme il
est Anglais et que nous ne pourrions lui nuire
qu'en Angleterre, et qu'en Angleterre existe
toujours la prison pour dettes, le docteur
aurait là-bas contre nous un recours rapide et
sûr.

— Pas si nous possédions les cinquante
mille francs, riposta Félibien.

— Si vous les possédiez, dit le docteur,
vous ne seriez pas ici à mes ordres.

— C'est vrai, répliqua Félibien. Mais plus
tard ?

— Plus tard, quand vous les aurez, c'est
que l'affaire aura réussi. Alors ma part sera
faite et je n'aurai plus besoin de vous. D'ailleurs, à quoi bon tant d'explications ? Voulez-

vous, oui ou non, entrer dans cette affaire ? Si oui, signez ceci d'abord.

Le ton était sans réplique. Félibien le comprit et signa.

— Maintenant, reprit le docteur, passons aux choses tout à fait sérieuses. Larbel vous a dit, n'est-ce pas, de quoi il s'agissait. Il vous donnera tantôt, ainsi que mon lieutenant, tous les détails qui vous manquent et qui vous sont nécessaires. Venons au règlement des parts. Celle du père, c'est-à-dire la vôtre, quand vous aurez épousé Lucy, est de deux millions. Vous le savez.

— Je le sais, répondit Félibien.

Et il eut l'audace d'ajouter :

— C'est peu.

Le docteur ne releva pas le mot et se contenta de dire :

— Veuillez examiner le bilan du dernier exercice, et vous assurer que l'actif se monte bien à sept millions.

Et il mit sous les yeux de Félibien deux lettres, l'une en anglais, l'autre en français, timbrées et paraphées aux consulats et aux chambres de commerce de Calcutta, Londres et Paris, constatant que la maison Gripshall, provisoirement gérée par la Compagnie des

Indes, représentait bien, tant en propriétés coloniales, champs, maisons, magasins, qu'en marchandises dûment assurées, un capital disponible de deux cent quatre-vingt mille livres sterling, soit, en argent français, sept millions.

— Vous êtes bien confiant, monsieur, interrompit Félibien, en prenant un petit ton de supériorité.

— Pourquoi, monsieur? répliqua lentement le docteur.

— Parce que, maintenant, je sais le nom de l'héritière.

— Et ensuite?

— Eh bien ! si je poussais la scélératesse jusqu'à la chercher et me faire aimer d'elle sans votre aide.

— Ne dites pas de bêtises, répondit le docteur, ou vous me ferez croire que vous êtes bien jeune pour la mission dont je veux vous charger.

— Comment, des bêtises !

— Oui, monsieur. D'abord, supposons que vous trouviez l'héritière. Une lettre suffirait à la prévenir que vous êtes mon agent, et alors, adieu l'espoir du mariage ! Puis, quand même vous l'épouseriez, comment hériterait-elle, sans les papiers dont je suis le maître ?

— Je vous les achèterais moins de cinq millions, riposta bravement Félibien. A la rigueur, je pourrais aussi essayer de vous les prendre.

— Cela, fit le docteur très froidement, je vous conseille de l'essayer le jour où vous serez las de vivre. Allons, assez badiné, monsieur. Finissons-en, et signez-moi les donations que voici.

Il était allé, tout en parlant, ouvrir un coffre-fort, et en avait tiré une liasse de papiers et de parchemins portant des sceaux pendus à des rubans de couleur.

— Qu'est-ce que c'est que cela? demanda Félibien, dont les yeux étincelaient

— Oh! ne vous exaltez pas, fit le docteur avec un sourire de pitié. Ce ne sont pas là les fameux papiers. C'est tout bonnement une série d'actes de vente représentant tout ce qui restera de l'héritage une fois vos deux millions prélevés. La date de ces contrats est en blanc, et sera mise le lendemain du jour de votre mariage. Comprenez-vous?

— Parfaitement, dit Félibien. Mais, pardonnez-moi si je demande des points sur tous les *i*. Une fois marié, si le père hérite et que ma femme vienne à mourir, comment les choses s'arrangeront-elles ?

Le sourire qu'avait eu tout à l'heure le docteur Hutchinson était un sourire angélique, à côté de celui qui vint subitement tirer ses lèvres minces et découvrir ses blêmes gencives. A ce sourire, Félibien eut froid dans les moelles.

— Ne vous occupez pas des choses qui ne sont pas de votre compétence, fit le docteur. Ce qui me regarde ne regarde que moi. Vous, voici votre rôle. Aller loger sur le même palier que Mme et Miss Gripshall. La chambre est louée déjà. Apprendre l'anglais. Vous faire passer pour un pauvre professeur. Lier connaissance avec les deux femmes. Séduire Lucy. Devenir son amant. Tout réparer en devenant son époux. Et pour cela, toucher deux millions. Est-ce clair ? Alors, signez les actes de vente.

Félibien eut encore une hésitation.

— Je vous répète, monsieur, dit-il, bien que cela ne vous paraisse pas de ma compétence, je vous répète que ces arrangements, je les trouve imparfaits.

— Tu es impatientant, s'écria Larbel. Que te faut-il de plus ?

— Il me faut, répondit Félibien, la certitude que ce n'est pas mon futur beau-père qui profitera seul des papiers. Je vous pose le problème suivant. Il a les papiers, il hérite ; sa fille meurt ; nous perdons tout.

— Enfant ! fit le docteur.

Puis, articulant tous les mots avec plus de lenteur que jamais, il ajouta :

— Mais soyez tranquille, le jour même de votre mariage, le père mourra.

Félibien ne put retenir un cri d'horreur. Mais soudain il vit comme une farandole de billets de banque qui tourbillonnaient autour de lui. Il prit rageusement la plume, ferma les yeux comme lorsqu'on se jette à l'eau, les rouvrit démesurément, et signa.

Le jour même, Félibien était installé dans la mansarde voisine de celle où demeuraient Mme Gripshall et sa fille. C'était au dernier étage d'une grande maison ouvrière, située rue de Tourtille, à Belleville.

— Tiens, avait dit Félibien en apprenant sa nouvelle adresse, tiens, la rue de Tourtille, j'ai déjà vu ça.

— Où donc ? lui avait demandé Larbel.

— Oh ! avait répondu Félibien, dans cinq ou six romans. Je ne me rappelle plus les titres.

Et de même, il lui sembla reconnaître sa mansarde, dont il avait lu tant de fois la description : une pièce carrelée, un petit lit de fer, quelques meubles en noyer, une fenêtre à tabatière donnant sur une forêt de tuyaux.

Rien, au reste, ne devait avoir d'imprévu pour lui pendant quelque temps, jusqu'au jour où il entrerait en relations avec les Gripshall. En attendant, sa vie était réglée d'avance comme un papier à musique, et il en observa strictement la consigne, telle que l'avait imposée le docteur.

Tous les matins, de bonne heure, il sortait pour aller prendre sa leçon d'anglais et d'irlandais, avec un excellent maître procuré par M. Hutchinson. Il passait, au contraire, pour être en train de professer lui-même pendant ce temps. Car c'est comme professeur qu'il avait emménagé.

Vers midi, il rentrait au moment où toute la maison était en l'air pour le repas. De cette façon pas une commère ne manquait de le voir, avec son maigre déjeuner de charcuterie, entortillé dans du papier, et son pain maladroitement dissimulé sous sa redingote. Cette pauvreté devait lui concilier les sympathies de tous les pauvres gens, ses voisins.

La concierge avait été conquise tout d'abord par un beau denier à Dieu, et il suffisait de quelques pourboires pour arroser cette affection précieuse. Félibien, d'ailleurs, ne se fit pas faute de bavarder un peu avec elle, s'épanchant en confidences sur sa vie, pénible, modeste et rangée.

Aussi, disait-elle de lui à qui voulait l'entendre :

— Ah! le jeune homme du cinquième, une perle! Et pas fier avec le monde, allez!

Et Félibien se trouvait un vrai petit Machiavel, de jouer si bien son rôle, et de tromper ainsi la bonne femme et toute la maison. Il en riait à gorge déployée quand, le soir, après avoir travaillé son anglais toute l'après-midi dans sa chambrette, il retrouvait Larbel à Montmartre.

Car c'est là qu'il allait, lorsqu'il disait à la concierge :

— Hélas! oui, ma bonne madame Carbonnet, il faut encore que j'aille donner des leçons le soir, jusqu'à des minuit. C'est pour des employés de commerce, qui ne sont libres qu'à ce moment-là. Et ça paye bien mal. Mais quoi! On doit se rendre un peu service les uns aux autres, entre petites gens, n'est-ce pas?

— Ah! que vous êtes brave! exclamait la concierge.

Et elle ne lui en voulait pas de la réveiller parfois bien longtemps après minuit, pour tirer le cordon.

— Pauvre garçon, pensait-elle, comme il se donne du mal!

Ces soirs-là, c'est qu'il s'était attardé un peu plus que d'ordinaire à courir avec Larbel les brasseries de Montmartre, toujours aux frais du docteur, naturellement. Et, pour tout dire, ce diable de patron faisait les choses en grand seigneur. Larbel avait les poches pleines d'or. C'était une vie délicieuse.

Toutefois, dans ces délices, Félibien n'oubliait pas la besogne sérieuse. Certes, prendre du bon temps n'était pas désagréable; mais arriver au but, c'est-à-dire aux millions, voilà ce à quoi il fallait sacrifier tout le reste. Et, ainsi talonné par son ambition, Félibien avait mené les choses tambour battant.

Le docteur lui avait donné un mois pour apprendre l'anglais passablement. Ce mois écoulé, Félibien parlait non seulement l'anglais, et plus que passablement, mais encore un peu l'irlandais.

Ce qui était vraiment moins commode, c'était d'entrer en relations avec Mme ou Mlle Gripshall. Et, quand Larbel l'interrogeait là-dessus, toujours Félibien était obligé de répondre :

— Ah! ça, oui, c'est le hic. Les voisines sont sauvages en diable. Tout le monde me parle et m'aime dans la maison. La concierge a pour moi de l'idolâtrie. Mais les deux *English*, murées comme des prisonnières, muettes comme des carpes.

— Au moins, demandait Larbel, tu les connais de vue?

— Oui, bien sûr, disait Félibien, mais de vue seulement. Je me suis croisé plus d'une fois avec elles, dans l'escalier et sur le carré. Sur le carré surtout, où je m'arrange de façon à aller chercher de l'eau quand elles sont elles-mêmes, l'une ou l'autre, au robinet. Mais j'ai beau faire, elles ne me regardent même pas.

— Tu les regardes peut-être trop, objectait Larbel.

— Ma foi non, ripostait Félibien. Au premier coup d'œil, je les ai toisées. Je suis physionomiste, tu sais, moi. Et puis, d'ailleurs, il me semble les avoir déjà vues quelque part.

— Allons donc !

— Mais oui. Tiens, la mère, par exemple. C'est comme toutes les Anglaises de son âge, telles du moins qu'on les dépeint dans les livres. Une grande femme sèche, avec des cheveux plaqués, des joues à la fois jaunes et rouges, le nez couperosé, les dents en touches de piano.

— Est-ce qu'elle a l'air mauvais ?

— Pas pour un sou. L'air ni mauvais, ni malin. Une bonne bête de travail, abrutie par la misère.

— Et Lucy ?

— Pas jolie, jolie, ma future. La fille de sa mère, quoi ! Mais plus fraîche, moins en bois, et sans veines violettes au bout du nez. Pas de malice non plus, d'ailleurs ! Mais de la sauvagerie, à revendre. Et moi qui croyais que les jeunes Anglaises étaient, au contraire, d'allure très libre.

— Les riches, oui, observa Larbel.

— Eh bien ! répliqua Félibien, pas les pauvres, je t'en réponds. Je ne suis pas un serin, n'est-ce pas ? Malgré ça, je reste en plan. Pas moyen d'échanger deux mots avec ces mâtines-là. D'autant, tu comprends bien, que j'ai peur, en m'y prenant mal, d'exciter leur méfiance.

Mais la difficulté ne fit qu'exciter l'amour-propre de Félibien. Et, le lendemain, il avait enfin trouvé.

— Ce que c'est tout de même, pensa-t-il, que d'avoir lu tant de romans ! Comme on s'instruit !

Il s'était souvenu tout à coup, en effet, d'un trait de mœurs qui l'avait frappé dans tous les romans qu'il avait lus, touchant l'Angleterre. On y faisait observer qu'il n'y a guère de famille anglaise, si pauvre soit-elle, qui ne possède au moins un recueil de chants sacrés et une bible. Et c'est là-dessus que Félibien avait tablé.

La concierge remit à Mme Gripshall une lettre de Félibien (en anglais naturellement), où il demandait si sa voisine voulait bien lui prêter une bible, dont il avait besoin pour un travail très pressé, et que sa pauvreté lui rendait trop coûteuse à acquérir.

Félibien espérait obtenir une réponse par la concierge, et planter ainsi un premier jalon qui lui servirait à pénétrer plus tard et peu à peu dans la conversation de Mme Gripshall. Le résultat de sa lettre dépassa toutes ses espérances. C'est Mme Gripshall en personne qui vint frapper à la porte du jeune homme, en lui apportant la bible demandée.

— Il faut bien, dit-elle (en lui répétant une phrase de lui, que la concierge avait trompettée à tout le monde dans la maison), il faut bien se rendre service les uns aux autres entre petites gens.

C'était dit dans un mauvais français, péniblement articulé, et avec un accent d'outre-Manche qui faillit faire éclater de rire Félibien ; d'autant que la bonne dame en soulignait le comique en essayant de prendre un air compatissant.

Toutefois Félibien sut garder son sérieux. Diable ! Il ne s'agissait pas de s'amuser. Cette entrée en matière, n'était-ce pas, en réalité, l'amorce des fameux millions ?

Il reprit tout son sang-froid à cette pensée, et se mit en devoir de commencer tout de suite ses manœuvres.

Comme il avait répondu très correctement en anglais aux amabilités de Mme Gripshall, et qu'elle lui avait demandé s'il était Anglais, il répondit que non, et, sur-le-champ, imagina toute une histoire qui devait le rendre intéressant aux yeux de la pauvre femme.

— Mon Dieu! non, madame, fit-il, je ne suis pas Anglais et n'ai même jamais été en Angleterre. Mais, si je parle votre langue aussi aisément que vous voulez bien le dire, je le dois à ma mère qui était originaire de l'Irlande.

— Vraiment? s'écria Mme Gripshall, de plus en plus attirée vers son voisin.

— Oui, madame, reprit Félibien. Elle professait, comme moi, ma pauvre mère. Hélas! c'était notre seule ressource, que ses leçons. C'est avec cela qu'elle a pu m'élever et soigner mon malheureux père, que des revers de fortune ont privé de la raison.

— Privé de la raison! soupira douloureusement Mme Gripshall, en songeant à son mari, enfermé dans une maison de fous.

Ce rapprochement la fit tout à fait se départir de sa réserve ordinaire. Touchée par un malheur qui ressemblait si fort au sien, elle tendit vivement la main au jeune homme, et lui donna un vigoureux *shake-hand* à l'anglaise. Puis, sans plus de cérémonie, elle s'assit, comme sollicitant des confidences.

Félibien ne se fit pas prier et continua :

— Ma pauvre sainte mère, fit-il, en feignant de comprimer un sanglot. Hélas! elle s'est tuée à la peine. Deux longues années, madame, elle a souffert sans trêve avant de mourir, et sa lente agonie était rendue plus cruelle encore par la pensée qu'à moi seul je devais suffire aux besoins de sa maladie et de celle de mon père. Je n'ai pas besoin de vous dire avec quelle piété je me dévouais à mon tour à celle qui s'était tant sacrifiée pour moi. Mais le malheur s'acharnait sur nous. Je ne trouvais que des travaux mal rétribués, et à peine pouvais-je subvenir à toutes les nécessités, même en consacrant mes journées entières et une partie de mes nuits aux fatigantes besognes que j'acceptais. Aussi, une fois ma mère morte, tombai-je malade à mon tour.

— Ah! pauvre, pauvre garçon, interrompit Mme Gripshall avec une bonté toute maternelle.

— Et pourtant, il fallait toujours pourvoir au payement de la pension de mon père. Je ne voulais pas le laisser aller dans un hôpital commun. J'aurais cru faire souffrir l'âme de ma courageuse mère, si j'avais cessé l'œuvre qu'elle avait, malgré tout, menée à bien, si j'avais retiré mon malheureux père de la maison où il trouvait au moins tous les soins qu'exige son triste état.

— Et comment fîtes-vous, infortuné jeune homme ?

De nouveau, Félibien eut intérieurement envie de rire, à cette exclamation dont la forme surannée sentait le prêche anglais. Mais il se contint, et poursuivit sans embarras son tissu de mensonges.

— Je m'endettai, madame, répondit-il. Je connaissais un placeur de professeurs, qui, confiant dans mon honnêteté et mon savoir, m'avança de quoi continuer la pension de mon père et me soigner moi-même. Mais cet homme, hélas ! n'était qu'un misérable usurier. Il m'a prêté cet argent à des conditions exorbitantes. Je ne pouvais les refuser. Et aujourd'hui, madame, je suis toujours obligé de donner, au compte de mon créancier, des leçons nombreuses, qui ne me rapportent rien que l'honneur d'éteindre peu à peu ma dette.

— Et votre père ? interrogea Mme Gripshall.

— Je suis heureux, au moins, en songeant qu'il a tout ce qu'il lui faut, répondit Félibien. En dehors de mon travail pour mon créancier, je donne encore d'autres leçons, qui me servent à payer la pension de mon père et à vivre tant bien que mal.

Félibien s'admirait, en son for intérieur, de

pouvoir si aisément improviser toutes ces histoires et jouer toute cette comédie. Décidément, il avait bien le génie de l'intrigue !

Et combien il fut plus fier encore, le lendemain, en mettant enfin le pied chez les Gripshall ! Il lui sembla entrer dans l'Eldorado conquis.

Et pourtant, ce n'était pas un palais que la mansarde de ses voisines.

Toutefois, ce n'était pas un taudis non plus. Une propreté méticuleuse rehaussait et ornait cette pauvreté. Le poêle en fonte, gros à peine comme une marmite, était brillant de mine de plomb, et le tuyau en tôle luisait autant qu'un chapeau de soie battant neuf. Le carreau inégal était lavé ainsi que des joues de baby, et rose comme elles. Sur le buffet, une théière en métal blanc vous aveuglait de son éclat.

Au surplus, Félibien ne fut pas surpris de cette propreté, à laquelle il s'attendait ; car elle est de tradition dans le *home* anglais, et plus d'un roman à couverture tomate l'avait édifié à cet égard.

Mais, ce à quoi il était moins préparé, c'est le dénuement réel qui se cachait sous ce vernis de propreté merveilleuse. Triste Eldorado, que ce *home* dans lequel il pénétrait comme dans une mine d'or! Et pourtant, c'en était bien une! Que de millions à gagner en plaisant à la fée de cet humble logis!

Pour le moment, les millions étaient loin, par exemple! Oh! le misérable mobilier! Pas même du noyer, ainsi qu'en ont les ouvriers les plus pauvres! Le buffet-commode et la table étaient en bois blanc. Les deux chaises aussi, sauf le fond en paille commune. Le lit de sangle ne portait qu'un seul et maigre matelas.

Les murs, sans papier, blanchis à la chaux, ainsi que des murs de prison, avaient, pour tout ornement, une petite glace ronde, à encadrement d'étain, et une gravure coloriée représentant la reine Victoria et sa famille.

Cette chambre, malgré tout, n'était point funèbre, grâce au travail de miss Lucy. Un travail que Félibien reconnut aussi, pour en avoir lu bien des descriptions. C'était, sur la table, un encombrement de chiffons multicolores, bouts de rubans, de velours, de soie, de satin, dont miss Lucy faisait des poupées toutes petites; et cela accrochait joyeusement la lumière.

Comme la première fois où Larbel lui avait

parlé de ce métier fait par la jeune fille, Félibien ne put se retenir de remarquer que c'était surtout classique depuis Dickens.

En même temps, il examinait d'un rapide coup d'œil sa future, miss Lucy, qu'il trouvait réellement plus jolie qu'elle ne lui avait paru naguère dans l'escalier. La face était un peu longue, mais fine. Les yeux, extrêmement doux, avaient la couleur tendre du myosotis. Les cheveux blonds et pâles ressemblaient à de la soie de cocon. En somme, même sans l'appât du monstrueux héritage, c'était une jeune fille fort désirable.

— Pourvu que je fasse seulement sur elle, au premier abord, l'effet qu'elle fait sur moi pensa Félibien, je réponds du reste. Elle doit être aimante, ça se voit. Tout dépendra de la façon d'engager les choses.

Et il les engagea par un coup de maître.

— Je vous rapporte votre bible, madame, dit-il en entrant, et vous remercie beaucoup de votre obligeance. Mais, comme il est écrit au saint livre, la reconnaissance en paroles n'est que du vent semé, et j'ai pensé que vous me permettriez de vous prouver la mienne d'une façon moins chimérique.

En même temps, avec la bible, il tendait à Mme Gripshall un autre livre.

— Voici qui vous sera sans doute agréable à feuilleter, ajouta-t-il, et vous me rendrez très heureux en souffrant que je vous prête ce livre qui me vient de ma mère. C'est un recueil de ballades irlandaises.

Lucy se leva en battant des mains, et son regard plein de gratitude montra de reste à Félibien que le jeune homme avait tout de suite trouvé le chemin de ce pauvre cœur.

Et c'est pourquoi, le soir, en rendant compte à Larbel de sa journée, Félibien put dire orgueilleusement :

— Mon cher, à présent, je suis sûr que la chose est dans le sac... Le premier pas était le plus difficile à faire. Le voilà fait, et un pas de géant, hein ! Je suis l'ami de la maman, je ne serai pas long à devenir le bon ami de la fille. Et à moi les millions !

— Ah ! tu es fort ! s'écria Larbel avec un sincère enthousiasme. Ça, il n'y a pas à dire, tu es fort.

— Plus encore que tu ne crois, répondit Félibien.

Sûr, en effet, de réussir du côté de Lucy, le jeune homme ne songeait maintenant à rien moins qu'à entrer en lutte avec le redoutable docteur Harry Hutchinson.

Et la preuve que Félibien était vraiment fort, et tout à fait de taille à risquer ce duel, c'est qu'il ne lui fallut pas huit jours de réflexion pour imaginer un plan de bataille contre son terrible adversaire.

Plan de bataille tellement simple, d'ailleurs, que Félibien n'osa tout d'abord s'y arrêter !

— Voyons, se disait-il, il n'est pas possible que le docteur n'ait pas pensé à ce moyen que j'ai de contrecarrer ses projets ! Ou bien alors, ce fameux malin, cet homme devant qui Larbel tremble, devant qui moi-même j'ai eu le frisson, cet homme qui nous semble un monstre d'habileté dans le crime, ce soi-disant génie du mal, n'est qu'un vulgaire imbécile.

Et voici, en effet, ce qu'avait conçu Félibien pour triompher du docteur.

Une fois Lucy séduite, et séduite à tous les points de vue, c'est-à-dire devenue l'esclave aimante et soumise de Félibien (résultat prochain dont il avait d'avance la certitude), il n'y avait qu'à tout confier à la jeune fille et à se liguer avec elle contre Hutchinson. Par elle, on influerait sur M. Gripshall, qu'elle déciderait à signer enfin un abandon des millions demandés par le docteur. La signature donnée, et les Gripshall en possession des fameux papiers, on intenterait un procès au docteur, pour captation, et il serait facile de faire annuler la signature de M. Gripshall, interné comme fou et par conséquent légalement incapable de disposer ainsi de son héritage.

Que les Gripshall, pauvres diables d'ouvriers sans malice, n'eussent pas songé à cette façon de tromper le trompeur, il n'y avait là rien d'étonnant. Mais que le rusé Hutchinson n'eût pas craint l'intervention de quelqu'un pouvant leur suggérer ce conseil, voilà ce qui surprenait Félibien.

— Car enfin, pensait-il, toutes ses cessions, signées d'avance, rien de mieux, au cas où il n'y a point procès après. Mais que la justice fourre un jour son nez là dedans, et c'est bien le diable si elle ne trouve pas du louche. Sans compter qu'une fois sur la piste, et en lui soufflant la chose à l'oreille, on peut lui insinuer des recherches à faire touchant le commis passé aux profits et pertes. Il n'a donc pas prévu tout cela, ce fameux docteur? Et moi qui m'inclinais devant lui comme devant un maître ! Allons donc ! C'est lui qui s'humiliera. C'est lui qui acceptera les conditions que je lui dicterai.

Et Félibien se redressait orgueilleusement dans la conscience de son génie et de sa puissance.

De fait, tout marcha selon ses désirs, et avec une aisance, une rapidité, qui dépassaient les plus folles espérances, au point que le jeune homme était comme épouvanté devant l'insolence même de son bonheur.

Séduire Lucy, en faire un instrument dévoué, prêt à tout, conquérir aussi l'esprit, le cœur et la volonté de Mme Gripshall, cela ne demanda pas plus de quinze jours. Certes, Félibien se savait charmeur et ne doutait pas de ce que pouvaient son intelligence, sa jeunesse, ses brillantes facultés aiguisées par tant de lectures. Il avait bien pensé qu'avec tout cela il se ferait aimer et admirer des deux femmes. Mais il n'eût pas osé compter sur une victoire si vite enlevée et si complète. En vérité, il lui semblait avoir une baguette magique.

— C'est comme dans les romans, se disait-il.

Et de même en tout le plan qu'il avait conçu, rien ne ratait, rien ne souffrait même l'ombre d'une difficulté. Les circonstances, le hasard, n'apportaient aucun changement au scénario qu'il avait imaginé.

Larbel ne se douta pas une minute qu'il servait à tromper le patron, grâce aux faux rapports que lui dictait Félibien.

Le redoutable docteur en personne ne soupçonna pas un instant la machine de guerre qu'on dressait dans l'ombre contre lui. Il se laissait berner, donnait à Félibien tout le temps nécessaire à ses manœuvres, et croyait que, pendant ce temps, le jeune homme continuait à faire sa cour à Lucy.

Le plus difficile, ce fut d'obtenir que M. Gripshall consentît à signer les traites qui le frustraient de tant de millions. Il n'était pas commode de faire comprendre à cette intelligence épaisse que c'était là un renoncement provisoire, en somme, et que toute la fortune serait conquise plus tard par le procès en captation de signature. Il fallut à Lucy beaucoup de temps et de patience pour expliquer tout cela au malheureux homme.

Les deux femmes étaient revenues, à cette occasion, en Angleterre. Naturellement, Félibien les avait suivies, toujours sous le prétexte de courtiser Lucy qui (faisait-il dire au docteur par Larbel) commençait seulement à s'humaniser un peu.

Londres n'avait pas étonné Félibien beaucoup plus que Paris. Là encore, grâce au souvenir de ses lectures, il lui semblait se retrouver en pays de connaissance. D'autant qu'il y était avec Lucy et sa mère, qui le pilotaient là comme Larbel l'avait piloté à Paris.

D'ailleurs, il n'avait guère le temps de s'étonner de quoi que ce fût. Les affaires avant tout ! Et Dieu sait si celles-ci étaient graves ! Ce n'étaient plus seulement, en effet, de sept millions qu'il s'agissait, mais bien d'une fortune presque incalculable.

Oui, parmi les possessions de la maison Gripshall, on venait de découvrir une mine de diamants ; voilà ce que Félibien avait appris depuis deux jours.

Et non pas par l'entremise du docteur, ni par une lettre de Larbel, ni même par les journaux ; mais bien par Lucy elle-même, à qui son père l'avait dit. Le père Gripshall, en effet, quoique interné, avait reçu cette communication officielle de la compagnie des Indes, comme légataire possible de la maison Gripshall.

La chose était, d'ailleurs, tenue secrète jusqu'à nouvel ordre, et Hutchinson lui-même ne devait pas en être instruit; car l'employé supérieur de la compagnie, qui était venu annoncer cette nouvelle au pauvre Gripshall, la lui avait annoncée verbalement et en lui recommandant de n'en rien laisser transpirer.

Pourquoi ? Félibien ne le devinait pas, et s'ingéniait en vain à le comprendre. Mais, ce qu'il y avait de sûr, c'est qu'il fallait empêcher à tout prix que le docteur eût vent de la chose; car alors, il augmenterait peut-être ses prétentions. Donc, il était urgent d'agir.

Qui fut stupéfait ? C'est le docteur Hutchinson, lorsqu'au milieu d'une lettre lui apprenant les fiançailles de Félibien et de Lucy, il reçut un télégramme du père Gripshall ainsi conçu :

« Venez, je consens à signer. »

Mais ce moment de stupéfaction se changea vite en joie, on le comprend. Puisque le bonhomme cédait enfin, par lassitude sans doute, le mariage de Félibien devenait inutile au docteur. C'était une part de moins à servir sur les millions.

Avec l'insolence du crime triomphant, Hutchinson ne se gêna pas pour dire la chose à son petit complice, le soir même du jour où le père Gripshall avait signé.

— Mon cher monsieur, fit le docteur en regardant Félibien avec mépris, je n'ai plus besoin de vos services. Vous pouvez retourner en France. Je vous conseille même de vous embarquer le plus tôt possible. Sinon, vous savez que la prison pour dettes existe en Angleterre, et que vous êtes mon débiteur. A bon entendeur, salut !

Félibien l'avait laissé parler, répondant aux regards méprisants par des regards plus méprisants encore. Quand le docteur eut fini, le jeune homme se contenta de hausser les épaules et d'ajouter :

— Pauvre imbécile !

— Vous dites ? fit Hutchinson.

Félibien répéta ; et, comme l'autre demeurait bouche béante, le croyant fou, sans doute, le jeune homme se mit à rire. Puis, d'une haleine, avec l'éloquence de la victoire décidément assurée, avec enthousiasme, avec fièvre, il raconta au docteur tout ce qu'il avait fait, et tout ce qu'il allait faire : la séduction de Lucy, la conquête absolue de Gripshall, le procès en captation de signature qui serait intenté demain, et enfin la prodigieuse nouvelle de la mine de diamants.

— Car elle est à nous, maintenant, à Lucy et à moi, s'écria-t-il. Oui, à moi, puisque, désormais, le père de Lucy a les papiers qui le constituent héritier de la maison Gripshall.

Ce fut au tour du docteur de rire ; mais lui, d'un rire effrayant, sarcastique, qui fit passer un frisson à Félibien jusque dans la moelle des os.

— A l'heure qu'il est, dit ensuite le docteur d'une voix redevenue très calme, le seul héritier de la maison Gripshall, c'est moi.

— Vous ! s'écria Félibien.

— Oui, monsieur, répliqua le docteur. Je dois simplement vingt mille livres sterling à M. Gripshall, et c'est tout. Le reste, y compris la mine de diamants, m'appartient par contrats dûment signés.

— La signature d'un homme interné comme fou ! interrompit Félibien. Ce n'est pas là une signature valable, vous ne l'ignorez pas.

— Monsieur, répondit le docteur, je veux bien prendre la peine de vous instruire, parce que votre audace m'intéresse. Sachez donc que les contrats en question, signés ce matin, il est vrai, sont datés d'une époque où M. Gripshall était en liberté et capable de signer.

— Mais il réclamera, monsieur. Il prouvera que ces contrats étaient antidatés, et que sa signature lui a été extorquée par vous. La justice fera la lumière dans ces ténèbres. C'est pour cela que nous vous intentons le procès..

Et il ajouta triomphalement :

— Du même coup, on s'inquiétera peut-être du commis passé aux profits et pertes.

— Ah! fit négligemment le docteur. Eh bien! alors, on apprendra que ce commis a été supprimé par un de vos amis, monsieur, un nommé Larbel.

— Larbel! s'exclama Félibien avec effroi...

— Oui, monsieur, reprit le docteur. Et en même temps on apprendra que ce Larbel a été votre complice dans un nouveau crime, dont il fera l'aveu en vous accusant vous-même...

— Moi, moi! m'accuser! moi, complice de Larbel! s'écria Félibien. Dans un nouveau crime, dites-vous! Quel crime?

— Un crime dont vous deviez tirer tout le profit.

— Je ne comprends pas!

— Comment, vous ne comprenez pas? Mais les juges, monsieur, ils comprendront, eux, soyez tranquille. Qui donc, sinon vous, amant de Miss Lucy et son futur mari, qui donc avait intérêt à tuer aujourd'hui même, pour hériter de ses vingt mille livres sterling, M. Gripshall?

— Quoi! balbutia Félibien, M. Gripsall est mort?

— Oui, monsieur, répliqua froidement le docteur; et (voyez comme la Providence se charge de punir les criminels) savez-vous ce que la police trouvera dans les mains crispées de la victime, si vous jugez à propos de faire appel au constable? Savez-vous, monsieur, ce que le constable verra tout d'abord au poing du malheureux?

— Quoi? quoi? râlait Félibien, épouvanté.

— Eh bien! monsieur, dit le docteur, dans les mains crispées de la victime, on trouvera un bout d'étoffe; et ce bout d'étoffe, monsieur, il manque au pan de la redingote que vous portez en ce moment.

Félibien constata qu'en effet sa redingote était déchirée au pan droit. Comment cela s'était-il fait? Par quel tour de passe-passe infernal le docteur avait-il machiné tout cela? Félibien ne pouvait le concevoir, et n'avait, d'ailleurs, ni le loisir, ni le calme d'esprit qu'il eût fallu pour essayer de s'en rendre compte. Il ne voyait qu'une chose : c'est qu'il était vaincu, au pouvoir du terrible maître qu'il avait voulu braver.

— Grâce ! grâce ! monsieur, fit-il en se jetant à genoux.

Et le docteur Hutchinson lui apparut comme une sorte d'incarnation diabolique, comme une monstrueuse idole du mal, devant qui l'on n'avait qu'à se prosterner. Etait-ce le diable, en vérité ? ou bien la terreur troublait-elle l'imagination affolée du jeune homme ? Toujours est-il qu'il vit soudain, ou qu'il crut voir, le docteur grandir, se transfigurer, et qu'il l'entendit lui crier d'une voix de tonnerre :

— Non, non, pas de grâce ! Tu iras jusqu'au bout du chemin fatal où tu es entré. Tu as voulu être complice de criminels. Tu connaîtras la prison, les angoisses des interrogatoires, les affres du tribunal, l'horreur de la condamnation, et enfin ceci ; regarde ! regarde !

Et, à mesure que le docteur parlait, Félibien s'était vu lui-même, d'abord traqué par les gendarmes, puis arrêté, puis soumis aux torturantes questions du juge, puis au banc des accusés devant la cour d'assises. Il avait entendu le chef du jury dire d'une voix lente :

— Sur mon honneur et sur ma conscience, devant Dieu et devant les hommes, etc...

Et maintenant, il se sentait marcher, soutenu par deux hommes, embrassé par un prêtre qui lui disait en pleurant :

— Courage ! Courage !

Et devant lui, là, sous un ciel lamentable, où le crépuscule du matin commençait à blêmir, la guillotine se dressait, brandissant en haut de ses deux longs bras le couperet à la lueur sinistre d'éclair. Et il allait mettre le pied sur ce plancher infâme, être couché sur cette bascule, poser son cou sur ce demi-cercle dont l'autre moitié lui emboîterait aussitôt la nuque.

Et alors, brusquement, comme un coup de foudre, la lame triangulaire tomberait.

Elle tombait !... Il en sentait déjà le vent près de ses cheveux... Horreur !

Il poussa un grand cri.

IV

Il poussa un grand cri et se réveilla de ce hideux cauchemar.

La guillotine, le tribunal, le docteur lui-même, avaient disparu.

Et aussi Londres, et les Gripshall, et la mansarde de la rue de Tourtille, et même Larbel.

Oui, jusqu'à Larbel.

Félibien se frotta les yeux et regarda autour de lui.

Quoi! Où était-il? Qu'est-ce que cela voulait dire? Quoi! Tout cela n'avait donc été qu'un rêve, un de ces rêves interminables, où l'on vit des semaines, des mois, des années même, en quelques instants?

Oui, tout cela, tout, les Gripshall, et le docteur Hutchinson, et le pacte, et les signatures, et le petit hôtel mystérieux dans le quartier Monceau, et le réveil dans la chambre d'hôtel dont la porte avait un trou bouché avec un tampon de papier.

Oui, tout cela n'était qu'un cauchemar.

Félibien se retrouvait sur la banquette où Larbel l'avait couché tout à l'heure, dans la salle du fond de ce restaurant, où tous deux ils avaient dîné.

— Garçon ! appela Félibien d'une voix étranglée...

Le garçon arriva et répondit aux questions :

— Monsieur dort depuis dix minutes, à peu près. Votre ami a dit comme ça de vous laisser tranquille.

— Quelle heure est-il ?

— Minuit moins sept.

Félibien était encore ahuri. Tout à coup, l'idée de son portefeuille lui traversa la cervelle. Vite, il fouilla dans sa poche. Le portefeuille y était. Il l'ouvrit. Un billet de cent francs manquait.

— Rien qu'un, se dit-il. J'ai de la chance. Il aurait pu les prendre tous.

Puis, se tournant vers le garçon :

— Savez-vous où il demeure, mon ami ?

— Je ne le connais pas, répondit le garçon. C'est la première fois qu'il vient ici.

Félibien se rappela cependant que Larbel et cet homme avaient eu l'air de compères tout à l'heure.

A ce souvenir, subitement, la peur le prit. Du coup, les dernières fumées de son ivresse s'envolèrent. Il revit, avec une netteté de jugement extraordinaire, tout ce qui lui était arrivé en cette unique journée de Paris : ses niaises confidences à Larbel, la façon dont ce coquin l'avait entortillé en renchérissant sur ces dispositions romanesques, et comment lui-même s'était grisé de ses rêves en se laissant griser de vin, et comment tout son cauchemar avait pour éléments des bribes de leur conversation et des souvenirs de lecture.

Et voilà pourquoi, le lendemain matin, par le premier train, Félibien Lefeuve arrivait à Varincourt, au grand ébaubissement de sa bonne tante, à qui il disait :

— Décidément, j'aime mieux vivoter ici. C'est plus sûr. Tu avais raison.

Et depuis, quand on lui parle de Paris, le libraire Lefeuve prend un air mystérieux, cligne un œil et se frotte ensuite les mains. Après quoi il ajoute, en levant les bras au ciel :

— Ah ! si je vous racontais tout ce qui m'y est arrivé !...

— Quoi donc? lui demande-t-on.

— Figurez-vous, dit-il, que j'ai failli m'y faire couper le cou. Heureusement, ça n'a été qu'un cauchemar.

Et il vous le raconte, à peu près comme je viens de vous le raconter.

CORRESPONDANCES

CORRESPONDENCE

CORRESPONDANCES

Mélancoliquement il remontait la rue des Martyrs.

Mélancoliquement elle remontait la rue des Martyrs.

Il était déjà vieux, touchant à la soixantaine, avait le crâne chauve sous son haut-de-forme roussi, la barbe grise dans un faux-col élimé, l'œil éteint, la bouche amère, la bile aux dents.

Elle n'était plus jeune, ayant passé quarante-cinq ans, avait le cheveu rare sous ses frisons et sa natte d'occase, portait du linge douteux, une toilette démodée, un bibi acheté au décrochez-moi-ça.

Il était maigre.

Elle était plutôt mafflue.

Il avait été beau, fier, ardent, plein de confiance en lui-même, sûr de son avenir, tenant en main tous les atouts pour gagner la partie sur le tapis vert parisien.

Elle avait été jolie, fringante, courue, en passe d'avoir hôtel, chevaux et voiture, et prix haut cotés sur le turf de la galanterie parmi les favorites désignées pour la fortune.

Il se rappelait parfois, aux heures noires, le temps où il était arrivé de sa province, avec un volume de vers, des drames en train, le mépris des gloires alors en vogue, le désir et la certitude de les supplanter.

Elle se remémorait souvent, aux mornes réveils, l'époque joyeuse où on l'avait *lancée*, où elle se voyait déjà plus calée que telle et telle, compagnes de caboulot qui avaient fait leur trou et à qui elle soufflait leurs amants.

Il avait eu un départ superbe. Pas comme poète et comme dramaturge, ainsi qu'il l'espérait au début; mais grâce à une campagne de chroniques scandaleuses qui avaient tapagé sur le boulevard. Un procès, quelques duels, et il avait été *notre spirituel et brillant confrère qui...*

Elle avait eu son moment de veine insolente. Pas au point, certes, d'éclipser la X ou la Z, à propos desquelles on citait Aspasie et Ninon! Mais assez, quand même, pour qu'on parlât d'elle dans les journaux, et pour révolutionner certaines tables d'hôte, montmartroises.

Un beau jour, la feuille à scandales où écrivait *notre spirituel et brillant confrère qui...* était morte, tuée par un concurrent beaucoup plus cynique, grâce à la plume beaucoup plus venimeuse d'un bien plus spirituel et bien plus brillant confrère qui... Puis, l'outrage de celui-ci devenant de la boue pure et simple, le genre même avait été vite brûlé, usé, en plein dégoût du public. Et le célèbre chroniqueur Chose avait eu grand'peine à se caser dans une gazette quelconque, où il s'était transformé en l'obscur publiciste Machin.

Un beau soir, la quasi-rivale de la X et de la Z était tombée malade, puis de maladie en débine, et s'était réveillée la fille N'importe-qui, à la recherche de son dîner, trop heureuse de le trouver à l'œil dans les tables d'hôte montmartroises.

Machin avait eu un revenez-y d'ambition, touchant ses vers et ses drames. Mais quoi! Ses vers d'antan étaient défleuris, et ses drames de jeunesse lui semblaient aujourd'hui enfantins. Il eût fallu en composer d'autres. Parbleu! il se sentait capable de le faire. Il en avait dans la tête, des idées et des plans! De quoi démolir celui-ci ou celui-là, qui avaient du succès on ne savait pourquoi! Bien sûr que, s'il s'y mettait, il les enfoncerait tout de suite! Seulement, voilà! Le difficile était de s'y mettre. Où trouver le loisir, le recueillement nécessaires? Il y avait le pain quotidien à gagner; le pain et le dessert! Car on avait des vices à nourrir aussi maintenant : le café, le jeu, des besoins de bien-être! A tout cela suffisait juste, et encore, l'âpre besogne incessante, d'articles sur articles.

Et les jours, les jours avaient passé. Et les mois, et les ans! Et Machin était resté Machin.

Elle aussi avait eu soif des veines premières. Un amant prêt à la relancer, ce n'était pourtant pas le diable à découvrir encore, voyons! Celle-ci et celle-là, des camarades qui ne la valaient pas, l'avaient bien déniché. Pourquoi pas elle! Mais va te faire fiche! La jeunesse n'y était plus. La chance était partie. Puis des amants de cœur lui grugeaient tout. Elle devait truquer pour eux, au jour le jour, à prix réduit. De la galanterie, elle était descendue à la retape.

Les jours, les jours avaient passé. Et les mois, et les ans! Et la fille N'importe-qui était restée la fille N'importe-qui.

Il se disait souvent, aux heures noires, en songeant à tel ou tel qui était *arrivé :*

— Ce bougre-là, pourtant, je suis plus fort que lui.

Elle se disait invariablement, aux mornes réveils, en pensant à celle-ci ou à celle-là, maintenant *fadée :*

— Qu'est-ce qu'elle a de plus que moi, cette salope?

Et Machin, déjà vieux, touchant à la soixantaine, le crâne chauve sous son haut-de-forme roussi, la barbe grise dans un faux-col élimé, l'œil éteint, la bouche amère, la bile aux dents, se rongeait d'envie.

Et la fille N'importe-qui, bientôt cinquantenaire, le cheveu rare sous ses frisons et sa natte d'occase, le linge douteux, la toilette démodée, le bibi acheté au décrochez-moi ça, en voulait à la société.

Ah! les tristes heures noires!

Oh! les mornes réveils!

Et ce soir il était dans une de ces tristes heures, ayant perdu au claque-dents ses pauvres appointements du mois prochain, ses appointements si durement gagnés dans la feuille de chou où il rédigeait à peu près tout le journal pour trois cents francs par mois.

Et ce soir elle était dans un de ces mornes réveils, ayant trop bu de bocks offerts par une amie charitable, puis ayant cuvé cette lourde ivresse sur une banquette de mastroquet des Halles, et rentrant à son garno où elle devait une quinzaine, et dont le patron lui avait dit le matin :

— Dorénavant, je veux être payé de l'arriéré, à raison de vingt sous par jour au moins ; ou sinon, à la porte ! Et je retiens tes frusques.

Mélancoliquement elle montait la rue des Martyrs.

Mélancoliquement il montait la rue des Martyrs.

Personne sur les trottoirs. La nuit, la crotte, la pluie qui commençait ! Les bouches des égouts puaient fortement.

Il la dépassa.

D'une voix machinale elle se prit à murmurer :

— Tu ne montes pas chez moi, joli brun ?

Il répondit, en filant vite :

— Je n'ai pas le rond.

Elle courut pour le rattraper, le saisit par le bras et dit :

— Un franc seulement ; c'est pour rien.

Il se retourna, la regarda, trouva qu'elle avait dû être jolie, qu'elle était grasse encore ; et il aimait les grosses femmes.

— Où demeures-tu ? fit-il. Est-ce loin ?

— Rue Lepic.

— Tiens ! moi aussi.

— Alors, ça va, hein ! mon petit homme ?

Il fouilla dans sa poche et en tira ce qui restait : six pièces de deux sous et un petit sou.

— Je n'ai que ça, dit-il, parole d'honneur !

— Va pour ça, répondit-elle.

Et, mélancoliquement, ils continuèrent à monter la rue des Martyrs, ensemble maintenant, sans se parler davantage, d'ailleurs, et sans se douter surtout que leurs deux existences s'accordaient par correspondances si parfaites, et qu'en s'accouplant tout à l'heure, ils allaient accomplir si exactement l'inceste de deux destinées jumelles.

L'ASSASSINAT

DU PICHET QUI PICHE

L'ASSASSINAT

DU PICHET QUI PICHE

Oh! ce n'est pas une affaire d'*actualité!* Elle remonte à longtemps, très longtemps, à trente et quelques années, ma foi!

Et pourtant, je me la rappelle, en tous ses détails, avec une extraordinaire précision. Ils se gravèrent si profondément, ces détails, dans mon imagination d'enfant! Ils y firent la première impression d'horreur; et chaque fois que je remonte le cours de ma mémoire, je retrouve là-bas, tout là-bas, cette impression première toujours aussi horrible.

J'étais enfant; j'habitais rue de Paris, à Belleville; et tous les matins, je me rendais à une petite école, dont notre maison était séparée par quatre boutiques seulement : une pharmacie, un magasin de faïences, une boucherie et un débit de vins.

Le débit de vins portait à son fronton une enseigne représentant un vase troué, d'où giclait un jet de pourpre. En exergue, autour de la peinture, se lisait cette inscription qui faisait ma joie : *Au Pichet qui piche.*

Toujours, je m'arrêtais un peu devant le débit de vins, pour en admirer l'enseigne et pour jouer avec le chien du débitant, une espèce de loulou bâtard, roquet au poil jaune, qui avait nom Poussot et qui était mon ami.

A la longue, et par l'entremise de Poussot, le débitant était aussi devenu mon ami. C'était un beau garçon, de mine rieuse, les yeux doux, la face enluminée, très haut sur jambes. On l'appelait le grand Louis. Il me paraissait un homme extrêmement remarquable, à cause de sa taille, de son enseigne et de son toutou, et non moins remarquables me semblaient les cerises à l'eau-de-vie dont il me régalait parfois.

Un matin, je fus tout stupéfait de ne point voir Poussot venir à ma rencontre, comme d'habitude, en faisant frétiller son plumet jaune, et mon étonnement redoubla en trouvant la boutique fermée. Je ne la connaissais pas sous cet aspect de devanture close, aux volets barrés et mornes. Elle me sembla lugubre. Il faisait, d'ailleurs, presque nuit encore, car on était en hiver. La bise sifflait aigrement. L'enseigne de tôle se balançait à se décrocher et jetait comme des cris plaintifs.

Qu'il fût arrivé malheur à quelqu'un, j'en eus le net sentiment. Mais, je m'en souviens fort bien, ce n'est pas le grand Louis qui occupait la place la plus importante dans mes craintes. Je m'inquiétais beaucoup plus de la pauvre enseigne, que j'entendais positivement gémir, et surtout, surtout, je pensais à mon ami Poussot.

C'est son nom, à lui, que je prononçai, en m'approchant de la devanture, et en y cherchant une fente par où glisser mon appel.

Il y en avait une, justement, vers le bas. Une demi-porte, ouvrant de l'intérieur, était entre-bâillée, formait fissure dans la muraille des volets. J'y collai ma bouche et murmurai le nom du toutou. Personne ne me répondit. Je fus pris alors d'un gros désespoir, et me mis à crier et à pleurer comme si j'étais perdu.

Des ouvriers, des commères, s'étaient arrêtés. Un des garçons bouchers sortit, puis le commis du magasin de faïences. On échangeait derrière moi des propos étonnés, des interrogations. Je distinguai :

— Comment ça se fait-il qu'il n'ait pas ouvert?

— Est-ce que c'est son parent, ce petit?

— Le grand Louis en retard d'une heure, ce n'est pas naturel.

— Oh! un crime! Pas possible! Le Poussot aurait aboyé.

— Si on allait prévenir un sergent de ville!

Cependant, je me sentais pressé contre la devanture. La demi-porte basse céda sous la poussée ; et, comme elle était assez haute pour moi, je me trouvai brusquement, et presque sans l'avoir voulu, dans la boutique. En même temps, j'entendais le garçon boucher qui criait, sa tête frisée passée dans l'ouverture :

— Eh! grand Louis! Y a donc quéqu'chose, mon vieux?

Moi, je continuais à appeler Poussot en sanglotant.

Mais on ne répondait toujours rien, ni Poussot, ni le grand Louis.

Je ne voyais rien non plus. La tête du garçon boucher interceptant le peu de lumière que commençait à répandre le jour blafard, j'étais dans une obscurité profonde. Au reste, pour ne point voir ce noir qui m'épouvantait, j'avais machinalement dressé devant mes yeux mon cartable d'écolier.

Tout à coup, j'entendis grincer la barre du volet-porte. Le garçon boucher, entré enfin, la déverrouillait d'une main hâtive et tremblante sans doute, car le fer hochait et tapotait le bois par saccades.

Un cri étouffé, que poussa mon compagnon, me fit lâcher mon cartable et desserrer les paupières. Le volet-porte ouvert à deux battants, la clarté de la rue avait empli la boutique. Là-bas, au fond, sur une couchette posée à même deux longues tables de bois, gisait le grand Louis, non plus avec sa mine rieuse, ses yeux doux, sa face enluminée, mais pâle, effroyablement pâle, et le regard fixe, effaré, vitreux.

Le garçon boucher répéta, d'une voix rauque :

— Eh! grand Louis! Y a donc quéqu'chose?

J'aperçus alors, dans un coin, et je montrai du doigt, le pauvre Poussot, qui avait la langue tirée, et les pattes en l'air, toutes raides. Du même coup d'œil, je vis qu'il y avait sur le parquet comme du vin répandu, du vin noir, épais. Cela ressemblait à une mare en train de se dessécher, et gluante.

A ce moment, une des commères dit, du dehors :

— Il est peut-être soûl !

Une autre ajouta :

— Tâchez donc moyen de le secouer un peu.

Le commis du magasin de faïences était entré et le second garçon boucher avec lui. Ils s'approchèrent tous les trois de la couchette. Le premier garçon boucher répéta encore, d'une voix forte maintenant :

— Eh ! grand Louis !

Et il accentua son appel en lui poussant rudement la tête pour *le secouer un peu.*

La tête roula par terre.

Il y eut un violent mouvement de recul ; je fus bousculé, rejeté sur le trottoir par les trois hommes, au milieu d'un attroupement qui se formait déjà, parmi des cris d'horreur.

Une voisine me ramena chez nous. Huit jours durant, en proie aux plus épouvantables cauchemars, je fus sous la menace d'une fièvre cérébrale. On me conduisit chez mon grand-père, à la campagne, passer un mois pour me rétablir. Quand je revins à Paris, nous n'habitions plus le même quartier. Quand je voulus demander à mes parents s'ils savaient quelque chose touchant l'histoire de ce crime, ils me répondirent évasivement. Tout ce que j'en obtins, c'est que l'assassin n'avait pas été découvert.

Mais rien, ni leur silence, ni le temps écoulé, rien n'émoussa jamais ma curiosité à cet égard. Devenu jeune homme, dès que je connus ce que c'était qu'un journal, je me mis en quête des feuilles judiciaires où je pourrais retrouver, narré tout au long, l'assassinat du *Pichet qui piche*, et j'essayai de reconstituer ainsi ce que j'en ignorais.

Ce que j'appris de la sorte, loin de calmer ma curiosité, ne fit que l'irriter davantage. L'assassin, en effet, n'avait pas été découvert, et l'affaire, demeurée mystérieuse, avait été, comme on dit, *classée*.

A coup sûr, le crime avait eu pour auteur un être de l'intimité du grand Louis. Cela résultait du raisonnement suivant : le Poussot était excellent chien de garde, et, quand il aboyait, les deux bouledogues de la boucherie ne manquaient jamais de lui répondre. Or, la nuit du crime, aucun aboi n'avait été entendu ; et pourtant le Poussot, d'après le constat du vétérinaire, n'avait été étranglé qu'après le meurtre commis. D'autre part, l'assassin avait dû s'introduire, au cours de la journée, dans la cave de l'arrière-boutique, où il était resté caché, et c'est en pleine nuit qu'il avait coupé le cou au débitant, sans avoir besoin de lumière pour trouver la place où frapper. Etait-ce donc une femme ? Le grand Louis avait de nombreuses maîtresses. Mais la force et l'habileté nécessaires à cette section du cou, cela ne pouvait être d'une femme. Etait-ce donc un des garçons bouchers ? On l'avait cru, à cause de ce dépeçage dénotant une main experte. Mais les deux garçons avaient, sans aucun doute possible, établi leur parfaite innocence.

Quel avait, d'ailleurs, été le mobile du crime ? Enigme sans réponse. On n'avait rien volé chez le grand Louis ; on ne lui connaissait point d'ennemi sérieux. Des rivaux en amour, tout au plus ! Et encore les désarmait-il par le peu d'importance qu'il attachait lui-même à ses conquêtes, toutes de passage et sans durée.

Je fus bien forcé, moi aussi, de *classer* l'affaire, et de me dire que jamais je ne saurais la vérité sur l'assassinat du *Pichet qui piche*.

Toutefois, on pense bien que je ne pouvais oublier la hideuse vision si profondément gravée dans ma mémoire d'enfant, et qu'il m'arrive encore, trente ans après, de revoir par-ci par-là, aux heures de lointaine récurrence, la face pâle et hagarde du grand Louis, sa tête roulant par terre parmi les caillots de la mare gluante, et le pauvre Poussot dans son coin, la langue tirée et les pattes en l'air, toutes raides.

Aussi, jugez du coup que je reçus l'autre jour, en pleine poitrine, quand j'entendis soudain derrière moi une voix de fillette qui criait :

— Poussot ! Poussot !

Je me retourne. Je manque de tomber à la renverse. C'est Poussot, en effet, que je contemple. Un Poussot presque identique à l'ancien ! Une espèce de loulou bâtard, roquet au poil jaune.

La fillette, fort élégamment vêtue, se promenait au Bois de Boulogne, en compagnie d'une gouvernante. Au risque de passer pour un fou, je cours à elle et lui demande :

— Comment se fait-il que votre chien s'appelle Poussot ?

Elle prend peur et se sauve vers la gouvernante, tandis que Poussot me jappe frénétiquement aux jambes. Je ne m'émeus point et interpelle la gouvernante, très posément cette fois et le chapeau à la main. Elle me répond en allemand, que je ne comprends pas. Je me mets à les suivre, malgré l'effarement que cela leur cause.

Ainsi jusqu'à une maison de Neuilly. Je m'informe aux alentours et voici ce que j'apprends :

La fillette habite avec sa mère, qui est veuve, et avec son grand-père paternel, un vieillard de soixante-dix ans qui est en enfance depuis dix-huit mois. Ils sont venus se loger là il y a trois ans. Ils arrivaient d'Algérie, où le père était mort de la poitrine. Avant la paralysie qui a cloué l'aïeul au fauteuil des gâteux, cet aïeul était un bon-papa très doux, très aimable et très aimé. Aujourd'hui son chien Poussot est le seul être qu'il reconnaisse. A l'époque où le bonhomme avait encore sa tête et sa langue, quand on lui demandait pourquoi ce nom, il répondait en souriant :

— Ah! ça, voilà, c'est mon affaire.

Un jour, quelqu'un avait insisté plus vivement, et le vieux avait murmuré avec une sorte de béatitude :

— Ça me rappelle.

J'ai voulu voir le vieillard. J'ai guetté par des après-midi de chaud soleil où l'on promène les malades. J'ai vu le gâteux, avec une face encore aimable, malgré son hébétude. Cette face a dû être de celles dont on dit qu'elles respirent l'honnêteté.

Suis-je donc le jouet d'une hantise ?

Sans doute, je pourrais en avoir le cœur net, apprivoiser la fillette peureuse, arriver par elle à connaître sa mère, interroger discrètement, et alors...

Et alors, quoi ?

IVRES-MORTS

IVRES-MORTS

Mon ami Ledantec et moi, nous avions alors vingt-cinq ans; Ledantec était Breton; nous nous trouvions à Londres pour la première fois, un samedi soir de décembre; il faisait un brouillard lugubre et glacial; et voilà, je pense, plus de raisons qu'il n'en faut pour expliquer comment, cette nuit-là, mon ami Ledantec et moi nous étions abominablement ivres.

A vrai dire, nous n'en ressentions aucun malaise. Tout au contraire, nous nagions dans une très douce béatitude. Douce et morne Nous ne parlions pas, en effet, n'en ayant plus la force, mais sans en éprouver le besoin. A quoi bon? Nous lisions si facilement dans les yeux l'un de l'autre toutes nos pensées! Et toutes nos pensées consistaient en l'unique et suave conscience de ne penser absolument à rien.

Ce n'était pas cependant pour arriver à cet état de délicieux néant intellectuel, que nous nous étions mis en campagne à travers le White-Chapel mystérieux. Nous étions entrés dans la première taverne avec la ferme intention d'y *faire des études de mœurs*, en curieux, en artistes, en philosophes. Mais, dès la seconde, nous étions devenus nous-mêmes pareils aux objets de notre étude, c'est-à-dire des éponges imbibées d'alcool. Entre une taverne et l'autre, le froid du dehors semblait presser ces éponges, qui alors s'assoiffaient d'autant. Et ainsi de taverne en taverne nous avions roulé, et les éponges, désormais, ne pouvaient plus se gonfler davantage.

Aussi, depuis longtemps déjà, bonsoir les études de mœurs. Elles se réduisaient maintenant à ces deux seules impressions : des zigzags dans les ténèbres extérieures et un coup de poing de lumière devant le comptoir des tavernes. Quant à l'ingurgitation des brandies, whiskies et gins, elle se faisait machinalement et à peine si l'estomac lui-même s'en apercevait.

Quels êtres bizarres nous avions coudoyés, pourtant, pendant ces longues stations ! Que de figures à enregistrer, d'accoutrements, d'attitudes, de colloques et de loques !

Et tout d'abord, en effet, nous avions essayé de les noter précisément dans notre mémoire. Mais il y en avait tant, et si vite notre cerveau s'était changé en bouillie, qu'à présent nous n'avions plus un net souvenir de quoi que ce fût ni de qui que ce fût. Même les choses immédiatement présentes, nous apparaissaient dans une vague fantasmagorie fuligineuse, se confondaient avec les images antérieures, les brouillaient et s'y brouillaient. Le monde nous devenait une sorte de kaléidoscope vu en rêve à travers des pénombres d'aquarium.

Brusquement nous fûmes arrachés à cette somnolence limbique, réveillés comme par un heurt en pleine poitrine, forcés impérieusement à fixer notre attention. Dans cette sarabande de visions étranges, une, plus étrange que toutes, se dressait devant nos yeux, nous regardait et semblait nous dire :

— Regardez-moi.

C'était à la porte ouverte d'une taverne. Au milieu de l'opaque brouillard, un jet de clarté fusait par cette porte dans la rue, et l'illumination brutale frappait en plein sur le spectre qui venait de surgir là, immobile et muet.

Un spectre, en vérité, un lamentable et effroyable spectre, et qu'on ne pouvait pas, celui-là, confondre avec les autres, tellement il était plus lamentable et plus effroyable, et surtout plus réel, se détachant ainsi en vigueur sur le fond noir de la rue qu'il rendait plus noire derrière lui !

Jeune, oui, à coup sûr, cette femme était jeune. Comment en douter, devant cette peau sans rides, cette bouche souriante qui laissait voir des dents enfantines, cette gorge ferme devinée sans peine sous le tissu si mince du tartan ?

Mais alors, comment expliquer cette chevelure toute blanche, non pas grise ni grisonnante, absolument blanche, d'une blancheur d'octogénaire ?

Et ces yeux aussi, ces yeux sous un front sans rides, ces yeux près de cette bouche aux dents enfantines, n'était-ce donc pas des yeux de vieille ? Oh ! certes, certes, et d'une vieille combien vieillé ! car il avait fallu des années, de douloureuses années, et des larmes, et des veilles, et toute une très longue existence, pour ternir de la sorte, pour effacer, pour user, pour dépolir ces vitreuses prunelles.

Vitreuses ? Non pas même. Car le verre dépoli garde encore un éclat trouble et laiteux, comme un souvenir de transparence. Mais ses yeux, à elle, semblaient plutôt avoir été en métal, en un métal désormais rouillé. Positivement, si l'étain se rouillait, je les comparerais volontiers à de l'étain sous de la rouille. Ils avaient de l'étain la pâleur morte et, en même temps, ils émettaient un regard couleur d'eau rousse.

C'est, d'ailleurs, par un travail d'analyse rétrospective que je tentai plus tard de les définir ainsi approximativement. Alors, tout à fait incapable d'un tel effort, je pus constater seulement l'idée d'extrême décrépitude, d'épouvantable vieillesse qu'ils évoquèrent en mon imagination.

Ai-je dit qu'ils étaient enchâssés dans des paupières très peaussues et complètement dépourvues de cils ? Ai-je dit aussi que sur son front sans rides il n'y avait pas non plus trace de sourcils ? Cela connu, et avec leur regard éteint, et sous cette blanche chevelure d'octogénaire, il ne faut pas s'étonner si Ledantec et moi nous nous prîmes à murmurer devant cette femme évidemment jeune :

— Ah ! la pauvre, pauvre vieille !

Son grand âge, au surplus, était encore accentué par l'atroce misère que révélait son costume. Mieux vêtue, peut-être sa tournure de jeunesse nous eût-elle frappés davantage. Mais son mince tartan, drapé à même sur la chemise, son unique jupe toute trouée, en haillons flottants, effilochée sur ses pieds nus, son chapeau de paille aux plumes sans barbes et aux rubans sans couleur déterminable, tout cela semblait si antique, si prodigieusement mathusalémien !

De quelle époque lointaine, surannée, abolie, venaient ces frusques ? On n'osait le supputer. Et, par une association d'idées toute naturelle, on attribuait à la malheureuse la vétusté de ses habits.

Par *on*, j'entends Ledantec et moi, c'est-à-dire des gens abominablement ivres et raisonnant avec la logique spéciale à l'ivresse.

C'est aussi dans l'attendrissement de l'alcool que nous considérions le vague sourire de cette bouche aux dents enfantines, sans nous arrêter à réfléchir sur la fraîcheur de ces quenottes, et ne voyant que la tristesse de ce sourire figé, presque idiot. A le contempler tel, il ne faisait plus contraste avec la morte expression des regards, mais la corroborait au contraire. Lui-même, malgré les dents enfantines, il n'était qu'un sourire de vieille, pour nos imaginations tournées de la sorte. Quant à moi, je me délectais réellement dans la pensée d'être très perspicace en supposant que cette aïeule aux lèvres si blêmes portait un râtelier de fillette.

Toujours grâce à l'attendrissement alcoolique, je ne lui en voulais point de cet artifice. Je le trouvais même singulièrement louable, puisque, en somme, la misérable créature exerçait ainsi en toute conscience son métier, qui était de nous séduire. Car, il n'y avait pas le moindre doute à conserver là-dessus, cette grand'mère était bel et bien une prostituée.

Oh! soûle, par exemple! Sinistrement soûle. Plus soûle encore que nous n'étions soûls, Ledantec et moi. Nous deux, en effet, nous avions pu murmurer :

— Ah! la pauvre, pauvre vieille!

Tandis qu'il lui était impossible, à elle, d'articuler une seule syllabe, même d'esquisser un geste, même d'allumer dans ses regards de trépassée une lueur de promesse, un furtif éclair de provocation. Les mains croisées sur le ventre, l'épaule appuyée à la devanture de la taverne, tout le corps raidi dans une immobilité d'aspect cataleptique, elle ne conservait d'alliciant et d'appelant que son triste sourire.

Et cela nous inspira encore plus de pitié, de douce et absolue pitié, qu'elle fût plus à fond d'ivresse que nous n'étions nous-mêmes. Sans nous concerter, d'un identique mouvement spontané chez tous deux, nous la prîmes chacun par un bras pour la faire entrer avec nous dans la taverne.

A notre grand étonnement, elle résista, se rejeta en arrière, et du coup se retrouva dans l'ombre, hors du jet de clarté qui fusait par la porte. En même temps, elle se mit à marcher dans cette ombre, nous entraînant, car elle s'était cramponnée à nos bras.

Nous suivions, sans rien dire, ni savoir où nous allions, ni en être le moins du monde inquiets. Seulement, comme tout à coup, en marchant, elle creva de sanglots, Ledantec et moi nous sanglotâmes à l'unisson.

Le froid du brouillard, au reste, nous avait subitement recongestionnés, et de nouveau

nous avions perdu toute conscience précise
de nos actes et de nos pensées et de nos sensations. Nos sanglots n'avaient rien de douloureux. Ainsi que tout à l'heure, nous nagions
dans une très douce béatitude, douce et morne.

Je me souviens qu'à ce moment ce n'est
plus le monde extérieur qui me semblait vu
en rêve à travers des pénombres d'aquarium ;
c'est moi-même, un moi-même composé de
nous trois, qui se changeait en quelque chose
de flottant à la dérive dans un je ne sais quoi
fait de brume palpable ou d'eau intangible.

Et c'était exquis délicieusement.

A partir d'alors, plus rien ne subsiste en
ma mémoire, jusqu'à ceci, qui m'y produit
l'effet d'un coup de foudre me faisant remonter, noyé, du fond d'un abîme où j'étais peu
à peu descendu.

Ledantec est debout dèvant moi, la face
convulsée d'horreur, les cheveux dressés, les
yeux ouverts tout grands, et il me crie :

— Sauvons-nous ! Sauvons-nous !

A mon tour j'ouvre les yeux, tout grands
aussi. Je me trouve couché par terre, dans
une chambre où il fait jour. D'un regard, je
vois autour de moi des loques pendues au mur,
deux chaises, un pot à eau égueulé qui est

mon voisin sur le parquet, et dans un coin un grabat où la femme sans doute est morte, car sa tête pend et sa longue chevelure blanche traîne presque jusqu'à moi.

D'un bond me voilà debout comme Ledantec.

— Quoi! lui dis-je en claquant des dents, tu l'as tuée? Elle est morte?

— Non, non, me répond-il. Mais ça ne fait rien, sauvons-nous.

Je me sens dessoûlé complètement et je pense qu'il est encore, lui, dans les dernières fumées. Sinon, pourquoi cette fuite? Un restant de pitié pour la malheureuse femme m'oblige donc à dire :

— Qu'est-ce qu'elle a? Est-elle malade? Soignons-la.

Et je m'approche du grabat pour lui remettre la tête sur le traversin. Je constate alors qu'elle n'est ni morte ni malade, mais endormie profondément. Je constate aussi qu'en réalité malgré sa chevelure d'octogénaire, elle est toute jeune. Son sourire d'idiote persiste; mais ses dents sont bien à elle, et d'une fillette. Sa peau sans rides, sa gorge ferme, n'ont certainement pas seize ans. Peut-être ont-elles moins encore.

— Tu vois, tu vois, reprit Ledantec. Sauvons-nous.

Il veut m'entraîner au dehors. A coup sûr, il est toujours ivre. Je le devine à ses gestes fébriles, à ses mains qui tremblent, à son allure effarée. Voilà maintenant qu'il me supplie, en balbutiant :

— J'ai couché avec la vieille. Elle n'est pas vieille. Regarde. Regarde. Et pourtant comme elle est vieille !

Et il soulève à poignée les longues mèches de cheveux, pareils à des écheveaux de soie toute blanche ; et il ajoute, évidemment dans une sorte de délire qui me donne à craindre une attaque de folie alcoolique :

— Quand je pense que je lui ai fait des enfants, trois, quatre enfants ! Qui sait combien d'enfants ? Oui, un tas en une nuit ! Et qui sont nés tout de suite, et qui ont grandi déjà ! Sauvons-nous !

Décidément, c'est un accès de démence. Mon pauvre Ledantec ! Que faire pour lui porter remède ? Je le prends dans mes bras et tente de le calmer. Mais il croit que je veux le forcer à se recoucher, il me repousse en trébuchant et me crie avec des larmes dans la voix :

— Si tu ne me crois pas, regarde sous le lit. Ils y sont, les enfants. Ils y sont, je te dis. Tiens, tiens, vois plutôt.

Il s'est mis à plat ventre, et tire, en effet, à lui un, deux, trois, quatre enfants qui étaient blottis sous le grabat. Des garçons, des filles, je ne sais trop, mais tous pareils à la femme endormie, tous avec une chevelure blanche, des chevelures d'octogénaire.

Suis-je encore ivre, comme Ledantec, ou fou? Que signifie cette étrange hallucination? Un moment j'hésite, je me tâte, je me secoue pour prendre conscience de moi.

Non, non, j'ai bien ma raison. Je vois en réalité cette marmaille monstrueuse. Ils ont tous la face dans leurs mains. Ils pleurent, ils braillent.

Soudain, l'un d'eux saute sur le lit. Les autres font comme lui. La femme s'éveille.

Et voilà que nous sommes contemplés fixement par ces cinq paires d'yeux sans cils, sans sourcils, par ces yeux dont les prunelles ont la pâleur morte de l'étain et dont les regards ont une mystérieuse couleur d'eau rousse.

— Sauvons-nous! Sauvons-nous! répète Ledantec en m'abandonnant.

Et cette fois, je l'écoute, et, après avoir jeté un peu de monnaie par terre, je le rejoins pour lui faire comprendre, quand il sera dessoulé, qu'il a couché avec une pauvre prostituée albinos ayant frères et sœurs.

MADEMOISELLE

MADEMOISELLE

Il était inscrit à la mairie sous les noms de Jean-Marie-Mathieu Valot; mais on ne l'appelait jamais autrement que *Mademoiselle*.

C'était l'idiot du pays.

Non pas, toutefois, un de ces idiots lamentablement en loques, qui vivent de la charité publique. Il vivait bel et bien, lui, d'une petite rente laissée par sa mère et honnêtement administrée par son tuteur. Aussi faisait-il plutôt envie que pitié.

Non plus il n'était de ces idiots à mine torve et allure de bête, qui dégoûtent ou épouvantent. Il était, lui, réjouissant à voir, avec ses lèvres toujours entr'ouvertes et ses yeux toujours souriants, surtout avec la perpétuelle mascarade de ses accoutrements féminins.

Car il s'habillait en fille, montrant ainsi de reste combien lui était peu désagréable ce sobriquet de *Mademoiselle.*

Et comment ne l'eût-il pas aimé, ce sobriquet, dont jadis sa mère lui faisait une douce câlinerie, alors qu'il était enfançon, si délicat, si faiblot, de complexion grêle et chétive, pauvre petit gars manqué, moins rétu que bien des filles du même âge? C'est en toute affectueuse caresse, dès ces primes années, que la maman lui susurrait ce tendre *Mademoiselle,* tandis que la vieille grand'mère répétait gaiement :

— Le fait est, par ma fi, que pour ce qu'il a de bistoquette, c'est pas chrétiennement la peine d'en parler, soit dit sans vouloir offenser le bon Dieu.

A quoi le grand-père, non moins gai, ajoutait d'ordinaire :

— Pourvu seulement qu'elle ne lui tombe pas en grandissant, ainsin que la queue aux jeunes de guernouilles!.

Et en vraie fille on le traitait, le dorlotait, d'autant que la maison était prospère et n'avait point besoin d'un mâle pour la remonter.

Les grands parents et la mère étant morts, *Mademoiselle* n'avait guère eu moins de bonheur auprès de son oncle paternel, médecin resté vieux garçon, et qui de son mieux avait soigné l'idiot, s'y attachant de plus en plus, à le soigner. Pour le bonhomme aussi, Jean-Marie-Mathieu Valot avait continué à s'appeler *Mademoiselle*.

Et pour tout le pays pareillement, toujours sans que personne y mît la moindre intention blessante, mais au contraire chacun y trouvant l'occasion de faire plaisir au pauvre doux être qui ne faisait de peine à personne.

Les gamins eux-mêmes n'y entendaient pas malice, habitués qu'ils étaient à saluer de la sorte le grand innocent en robe et en bonnet. Ce qui leur eût paru extraordinaire et les eût poussés à quelque gausserie, c'eût été de le voir vêtu en garçon.

Mais *Mademoiselle* s'en gardait bien. Comme son sobriquet, son costume lui était cher. Il se délectait à le porter et ne se délectait même qu'à cela, avec ce raffinement particulier qu'il avait fort bien conscience de n'être pas une fille et de vivre déguisé.

On le comprenait, d'ailleurs, à l'allure exagérément féminine qu'il prenait comme pour montrer que cette allure ne lui était point naturelle. Son bonnet énorme, minutieusement tuyauté, arborait des garnitures de rubans monstrueuses et multicolores. Sa jupe s'étageait en volants innombrables, se ballonnait par derrière à grand renfort de cerceaux. Il marchait à pas tout menus, avec des tordions et des déhanchements extravagants, les bras restant serrés au buste et les mains en éventail se contournant à des gestes prétentieux d'une coquetterie comique.

Il fallait alors, pour être de ses amis, lui dire sérieusement :

— Oh! mademoiselle, comme tu fais bien la fille!

Cela le mettait en belle humeur et il vous répondait, tout joyeux :

— N'est-ce pas? Mais on voit que c'est pour rire.

Néanmoins, aux fêtes du pays, quand on dansait sur la place, il voulait qu'on l'invitât en qualité de *Mademoiselle* et jamais lui-même il n'invitait de fille.

Un soir, quelqu'un lui ayant demandé pourquoi, il ouvrit de grands yeux, s'esclaffa comme à une grosse bêtise, et dit :

— Mais je ne veux pas inviter de filles, puisque je ne suis pas en garçon. Regarde donc ma robe, imbécile!

On lui riposta, son interlocuteur étant un homme judicieux :

— Habille-toi en garçon, alors, mademoiselle.

Il réfléchit un instant; puis, d'un air finaud :

— Mais, fit-il, si je m'habille en garçon, je ne serai plus mademoiselle. Et puisque je suis mademoiselle !

Et il haussa les épaules.

Cependant l'observation ne fut pas sans le troubler. Car, à quelque temps de là, rencontrant l'homme judicieux, il lui dit brusquement :

— Si je m'habille en garçon, m'appelleras-tu *Mademoiselle* tout de même?

— Bien sûr, répondit l'autre. On t'appellera toujours comme ça.

L'idiot parut enchanté. Sans doute, il tenait à son sobriquet plus encore qu'à son costume. Le lendemain, on le vit arriver sur la place désaffublé de ses jupes et vêtu en homme. Il avait pris une culotte, une redingote et un chapeau dans la garde-robe de son tuteur.

Ce fut une révolution pour le pays.

Les gens, qui avaient coutume de lui sourire aimablement quand il était en femme, le regardèrent avec effarement, d'un air étonné qui semblait hargneux. Les plus indulgents ne purent s'empêcher de rire, visiblement moqueurs.

L'involontaire hostilité des uns, la trop apparente moquerie des autres, la stupéfaction désagréable de tout ce monde dérangé dans une vieille habitude, l'idiot s'en aperçut à plein et en souffrit.

Ce fut pis encore, au premier gamin qui se mit à lui crier, d'un ton goguenard, en gambadant autour de lui :

— Ohé ! mademoiselle ! L'a-z-un pantalon ! Ohé ! mademoiselle !

Et de plus en plus affreux, quand toute une bande de galapiats fut à ses trousses, glapissante, gouailleuse, comme après un chienlit.

Il est certain qu'à présent, bien plutôt que naguère, le malheureux paraissait déguisé. A force de vivre en fille, exagérant encore l'allure féminine, il avait complètement perdu toute physionomie garçonnière. Sa face glabre, ses longs cheveux en filasse, demandaient le bonnet à rubans et devenaient une caricature sous le haut tromblon du vieux médecin. Dans cette redingote à la papa, dans cette culotte trop large, le buste et surtout la croupe houleuse de *Mademoiselle* dansaient éperdument. Et rien n'était drôle comme le contraste entre ces graves habits et la démarche trotte-menu, le port de tête minaudier, le geste prétentieux des mains éventaillant en petite folle.

Bientôt les gars aussi, les filles, les commères, même des hommes mûrs et notamment le conseiller judicieux, se joignirent à la marmaille pour huer *Mademoiselle*.

L'idiot ahuri prit sa course et rentra chez lui terrifié.

Là il prit sa pauvre tête à deux mains et tâcha de comprendre. Pourquoi lui en voulait-on? Car on lui en voulait, évidemment. Qu'avait-il donc fait de mal, à qui avait-il fait du mal, de s'habiller en garçon? N'était-il pas un garçon, après tout?

Et, pour la première fois de sa vie, il eut horreur de son sobriquet. N'était-ce pas avec ce sobriquet qu'on l'avait insulté?

Puis, un doute horrible lui passa devant la réflexion.

— Si j'étais pour de bon une mademoiselle?

Il eût voulu consulter là-dessus son tuteur; mais il n'osa pas. Il sentait, d'ailleurs, quoique obscurément, que le bonhomme pouvait, par complaisance, ne pas lui dire la vérité. Au surplus, il préférait se rendre compte par lui-même, savoir sans rien demander à personne.

Toute sa sournoiserie d'idiot, jusqu'alors latente parce qu'il n'avait jamais eu l'occasion de l'employer, venait d'éclore et le poussait à une action solitaire et ténébreuse.

Il se rhabilla en fille le lendemain et reparut dans le pays avec l'air d'avoir parfaitement oublié son escapade de la veille.

Les gens, eux, les gamins surtout, ne l'avaient point oubliée. On le regarda de guingois, les meilleurs ne dissimulant pas d'ironiques sourires. Les goussepains se remirent à le suivre en criant :

— Ohé ! mademoiselle ! L'avait-z-un pantalon !

Mais il n'eut pas mine d'entendre, ni même de soupçonner à quoi l'on faisait allusion. Comme naguère, il se montra gai, tout réjouissant à voir, avec des lèvres toujours entr'ouvertes et des yeux toujours souriants. Comme naguère, il exhiba des bonnets énormes et multicolores, des jupes ballonnées. Comme naguère, il marchait à pas menus, se déhanchait, tordionnait, gesticulait en coquette et se léchait les lèvres d'une langue gourmande quand on lui disait : *Mademoiselle*, tandis qu'au fond il eût voulu maintenant sauter à la gorge de ceux qui l'appelaient ainsi.

Des jours, des mois se passèrent, et l'on finit autour de lui par ne plus se souvenir de l'étrange escapade qui semblait si profondément abolie en sa mémoire.

Mais lui, il ne cessait pas d'y penser, ni de veiller, perpétuellement aux aguets, pour apprendre à quoi il reconnaîtrait sa qualité de garçon et par quoi il la prouverait victorieusement. Innocent en réalité, il était arrivé à l'âge de vingt ans sans le savoir encore, sans même avoir jamais eu l'esprit sollicité à y prendre garde.

Tenace et curieux et dissimulé, il ne questionna point et observa. Souvent, pendant les danses, il entendait les garçons se faire gloire des filles mises à mal, les filles vanter tel ou tel garçon. Souvent aussi, après le bal, il voyait des couples partir enlacés. On ne se méfiait guère de lui. Il écouta. Il épia.

Enfin, il vit la chose tout à trac, et plusieurs fois (car il voulait être absolument sûr); il eut la joie de savoir.

Et une nuit, comme les danses venaient d'être terminées et que des couples s'en allaient se tenant par la taille, un grand cri fut poussé au coin du bois par où l'on se rendait au village voisin. C'était Joséphine, la belle Joséphine, qui le jetait, appelant au secours. Une fille sage, qui s'en retournait seule, étant brave aussi. On courut à son appel.

On arriva pour l'arracher, râlante, à l'étreinte de *Mademoiselle* qui la violait après l'avoir étranglée.

L'idiot l'avait guettée, s'était rué sur elle pour lui faire ce que les autres garçons faisaient aux filles. Elle avait résisté vaillamment. Alors il l'avait empoignée au cou, avait serré de toutes ses forces. Elle avait perdu le souffle. Elle agonisait. Et vite, vite, il se dépêchait de se prouver à lui-même qu'il était un garçon.

Et comme, en délivrant Joséphine, on l'avait, lui, rudement cogné contre terre, assommé à moitié, voici que soudain il se releva, écumant, bavant, criant :

— Je ne suis plus mademoiselle. Je suis un garçon, je suis un garçon, que je vous dis.

Et, les jupes troussées, il secouait avec orgueil au clair de lune un pauvre petit bout de macaroni flasque et tremblotant.

UNE BONNE AFFAIRE

UNE BONNE AFFAIRE

A coup sûr, il ne se croyait pas un saint. Il n'avait même aucune prétention hypocrite à la vertu. Néanmoins, il s'estimait autant que qui que ce fût, voire un tantinet davantage. Et cela en toute impartialité, sans y mettre plus d'amour-propre qu'il ne fallait, sans qu'il eût à s'accuser de s'en faire accroire. Il se rendait justice, voilà tout.

C'était loin, au reste, d'être un sceptique. Il avait des principes de bonne morale courante, et même il les appliquait. Surtout, à vrai dire, en jugeant la conduite d'autrui; mais quelque peu aussi, on doit le reconnaître, pour régler sa propre conduite. Car il eût été extrêmement chagrin de ne pouvoir pas penser de lui-même :

— Somme toute, je suis ce que l'on appelle un parfait honnête homme.

Par bonheur, il n'avait jamais eu (oh! non, jamais) à mettre en doute cette excellente opinion, que volontiers il traduisait ainsi, dans ses moments d'expansion oratoire :

— Ma vie entière me donne le droit de me serrer la main.

Peut-être un psychologue subtil eût-il trouvé à cette honnêteté, si béatement satisfaite d'elle-même, quelques défauts de cuirasse. Il est certain, par exemple, que notre homme ne se faisait aucun scrupule de chercher son profit dans le malheur ou le vice du prochain, pourvu qu'il n'en fût pas l'auteur premier, le seul responsable, à son avis. Mais, en fin de compte, ce n'était qu'une façon de voir, rien de plus. Il y avait là matière à discussion casuistique. Or, ce genre de discussion déplaît particulièrement aux natures simples, comme était celle de ce brave garçon, qui eût répondu au psychologue :

— Pourquoi chercher midi à quatorze heures? Moi, je suis à la bonne franquette.

Ne pas croire, d'ailleurs, que cette *bonne franquette* le condamnât à un ignoble terre-à-terre! Loin de là! Il se piquait d'avoir un faible pour la fantaisie, pour l'imprévu. Et, si on l'eût offensé en le traitant de malhonnête homme, on l'eût froissé plus encore peut-être en lui attribuant des goûts bourgeois.

Ainsi, pour ce qui est de l'amour, il professait une horreur très vertueuse de l'adultère, dont la consommation l'eût empêché de se rendre ce témoignage, doux à sa conscience :

— Oh ! moi, je puis affirmer que je n'ai jamais fait de tort à personne !

Mais, d'autre part, il ne se contentait pas des voluptés tarifées, qui ravalent *le plus noble désir du cœur* à la vulgaire satisfaction d'un besoin physique. Il lui fallait, ainsi qu'il le disait en levant les yeux au ciel :

— Un peu plus d'idéal que ça !

Cette recherche de l'idéal ne lui coûtait pas, en vérité, très grand effort. Elle se bornait à ne pas entrer tout de go dans les maisons au vitrage dépoli, à ne pas aborder les raccrocheuses par ce simple mot :

— Combien ?

Elle consistait surtout à vouloir être galant, fût-ce avec les roulures, à se persuader qu'il leur plaisait pour lui-même, et à préférer celles dont l'allure, le costume, le visage, permettaient des hypothèses aventureuses, des illusions romanesques comme :

— On dirait une petite ouvrière sage encore.

— Non c'est plutôt une jeune veuve qui a eu des malheurs.

— Si c'était une femme du monde déguisée !

Et autres turlutaines, qu'il savait fausses presque en les imaginant, mais dont la saveur imaginaire lui était, quand même, délectable.

Avec des goûts pareils, il va de soi que le pèlerin était un *suiveur*, un *frôleur* dans les grands magasins et les foules, et surtout un guetteur de fenestrières, rien n'étant excitant comme ces persiennes mi-closes, derrière lesquelles apparaît un visage à peine entrevu, et d'où s'échappe un furtif :

— Pst ! Pst !

Qu'y a-t-il là-haut ? Est-elle jeune ? jolie ? Est-ce une vieille, horriblement savante, mais qui n'ose plus se montrer ? Est-ce, au contraire, une débutante qui n'a pas encore l'audace de la retape ? Autant de mystères alléchants ! En tout cas, c'est l'inconnu. Lui, il se disait, chaque fois :

— Qui sait ? Peut-être l'idéal ! Sûrement

l'idéal, au moins pendant le temps qu'on met à gravir l'escalier dans cette ombre qu'on ignore.

Et chaque fois, en faisant l'ascension, il avait le cœur palpitant comme à un premier rendez-vous avec une maîtresse adorée.

Mais il n'avait jamais éprouvé frisson pareil à celui qui le prit, le jour où il pénétra dans cette vieille maison de l'impasse Vignotte, à Ménilmontant. Pourquoi ? Il eût été incapable de le dire. Car il avait souvent cherché fortune dans des endroits plus étranges. Ce jour-là, brusquement, sans raison, il eut le pressentiment qu'il entrait dans une aventure. Et ce lui fut un chatouillement délicieux.

La fenestrière, qui lui avait fait signe, logeait au troisième étage. De la première marche à la quarante-huitième (car il les compta), son émotion ne fit que croître ; et, lorsqu'il arriva sur le palier, son cœur battait une charge éperdue.

En même temps, à mesure qu'il montait, il avait respiré une odeur très particulière, de plus en plus forte. Tout en dénombrant les marches, il avait essayé d'analyser cette odeur, sans parvenir à en déterminer autre chose que l'espèce. Il se disait seulement :

— Ça pue la pharmacie. J'ai déjà senti ça quelque part.

La porte de droite, au fond du corridor du troisième, s'entr'ouvrit comme il mettait le pied sur le palier ; et la femme lui dit d'une voix douce :

— Entre, mon chéri.

Par la porte, grande ouverte pour lui donner passage, une bouffée de l'odeur puante lui sauta aux narines, et soudain, il s'écria :

— Que j'étais bête ! J'y suis maintenant. C'était pourtant bien reconnaissable. C'est du phénol, n'est-ce pas ?

— Oui, répondit la femme. Est-ce que tu n'aimes pas ça, mon petit homme ? C'est très sain, tu sais !

La femme n'était point laide, quoique un peu mûre. Elle avait surtout d'assez beaux yeux, battus et tristes. Elle semblait avoir beaucoup pleuré, tout récemment. Et cela donnait un ragoût spécial au sourire vague qu'elle tâchait d'esquisser pour paraître plus aimable.

Repris par ses imaginations romanesques, et sous le coup du pressentiment qu'il avait eu tout à l'heure, l'homme pensa, ravi à cette idée :

— C'est une veuve que la misère force à se vendre.

L'appartement était petit, très proprement tenu, ce qui le confirma dans son hypothèse.

Curieux de la vérifier, il visita l'une après l'autre les trois pièces en enfilade. La chambre à coucher était la première. Puis venait une sorte de salon, puis une salle à manger qui devait servir aussi de cuisine ; car le milieu en était occupé par un poêle flamand, sur lequel bouillotait un pot-au-feu.

Il fleurait bon ce pot-au-feu. Et pourtant c'est dans cette pièce-là que l'odeur de phénol était le plus forte. Il en fit la remarque et ajouta gaiement :

— Tu en mets donc dans ton bouillon ?

Tout en parlant et riant, il avait posé la main sur un bec-de-cane qui fermait la porte vitrée. Il voulait tout voir, même ce recoin, qui, selon les apparences, devait être quelque cabinet de débarras.

La femme le saisit soudain par le bras et le tira violemment en arrière.

— Non, non, disait-elle presque bas, d'un ton à la fois rauque et suppliant, non, mon chéri; pas là, pas là ! tu ne peux pas.

— Pourquoi donc? répondit-il, son désir d'y entrer devenant plus vif.

— Parce que, fit-elle en pleurant, si tu y entres, tu ne voudras plus rester avec moi. Et j'en ai tant besoin, que tu restes. Si tu savais!

— Mais quoi, enfin?

Et, d'un geste brusque, il ouvrit la porte vitrée.

L'odeur de phénol s'élança comme un jet et le frappa au visage. Mais ce qui le fit reculer plus encore, c'est ce qu'il vit.

Il y avait là, sur un petit lit de fer, un cadavre de femme, fantastiquement éclairé par une bougie.

Épouvanté, il se détourna pour fuir.

— Reste, mon petit homme, reste, sanglota la fenestrière.

Et, s'accrochant à lui, elle lui conta, dans un déluge de larmes, que son amie était morte depuis deux jours, et que l'argent manquait à la maison pour les frais d'enterrement.

— Parce que, tu comprends, je tiens à ce que ça soit propre. Nous nous aimions tant! J'ai besoin que tu restes, tu vois bien. Je ne veux pas la quitter. Sans ça, j'aurais bien pu aller chercher des hommes sur le boulevard. Mais il faudrait la laisser. Je n'ai pas pu. Nous nous aimions tant! Reste, dis, mon chéri, reste. Qu'est-ce que ça te fait? Dix francs! Il ne me manque plus que dix francs. Ne t'en va pas.

Elle lui jeta les bras au cou, et lui souffla passionnément à l'oreille :

— Tu verras comme je suis gentille!

Ils étaient revenus dans la première pièce, la chambre à coucher. Elle le poussait vers le lit.

— Non, s'écria-t-il. Laisse-moi m'en aller. Je vais te les donner, tes dix francs; mais je ne veux pas rester, je ne veux pas.

Il tira son porte-monnaie de sa poche, y prit deux écus, les posa sur la table de nuit, et fit quelques pas pour sortir.

Mais, au seuil, il s'arrêta. Des réflexions lui avaient rapidement traversé l'esprit, comme si quelqu'un raisonnait en lui à son insu.

— Pourquoi perdre ces dix francs? Pourquoi ne pas mettre à profit les bonnes dispositions de cette femme? En somme, elle faisait bravement son métier. Qu'y a-t-il de mal à ce qu'il en use, lui? S'il avait ignoré la chose, est-ce qu'il n'aurait pas?... Alors!

D'autres suggestions, plus obscures, lui murmuraient :

— Son amie!... Elles s'aimaient tant! D'amitié ou d'amour? Oh! d'amour, apparemment. Eh bien! que cette femme en fût réduite à tromper cet amour monstrueux, n'était-ce pas comme une revanche de la morale?

Soudain, se retournant, l'homme prononça d'une voix lente et tremblante :

— Ecoute! Si, au lieu de dix francs, je t'en donnais vingt, tu pourrais aussi lui acheter des fleurs, n'est-ce pas?

La face de la malheureuse s'illumina de joie et de reconnaissance.

— Vrai, dit-elle, vrai, tu veux m'en donner vingt?

— Oui, répliqua-t-il, vingt, et même plus. Cela dépend de toi.

Et, avec la conscience tranquille d'un honnête homme qui, en même temps, n'est pas une bête, il dit gravement :

— Tu n'as qu'à être bien bien, gentille.

A quoi, il ajouta dans son for intérieur :

— D'autant que je le mérite, puisque je vais faire une bonne action.

VIOLÉ

VIOLÉ

« Parfaitement, répéta le grand Paul, parfaitement ! Oui, moi, tel que tu me vois, j'ai été violé. Et violé par... ! Mais, si je te disais tout de suite par qui, cela ne ferait pas un conte, n'est-ce pas ? Et puisque c'est un conte que tu veux, je vais donc te le conter de fil en aiguille et commencer par le commencement.

Je chassais depuis une semaine au cœur du pays breton, dans les landes qui avoisinent la montagne noire. Désolé, sauvage et giboyeux ! On marche des heures sans rencontrer un être humain ; et, quand on en rencontre, c'est le même prix que si l'on n'en rencontrait pas, vu que les gens ignorent absolument le français. Le soir, dans les auberges, pour manger et coucher, je devais jouer des pantomimes.

Etant alors, d'ailleurs, en humeur mélancolique, cette solitude me ravissait. La compagnie de mon chien m'était largement suffisante.

Aussi tu peux juger de mon agacement quand, un matin, je m'aperçus que j'étais suivi, positivement suivi, par un chasseur qui semblait vouloir lier conversation avec moi. Déjà, la veille, j'avais remarqué sa présence, m'obstruant l'horizon à plusieurs reprises. J'avais, alors, attribué la chose aux hasards de la chasse, qui nous ramenait tous deux dans les mêmes remises à gibier. Mais aujourd'hui, plus d'illusion à me faire ! Le *quidam* s'acharnait ostensiblement sur ma piste, allongeait de son mieux son petit compas pour se maintenir à l'allure de mes grandes guibolles, prenait des raccourcis afin de me rattraper au demi-cercle.

Comme il y mettait de l'entêtement, j'en mis aussi, cela va sans dire, et notre journée de chasse se passa tout entière, pour lui, à essayer de m'attraper, pour moi à le fuir. Nous avions l'air de jouer à cache-cache.

Conclusion : quand le soir vint, j'étais

complètement perdu dans l'endroit le plus désert de la lande. Pas une bicoque en vue, pas même un clocher au lointain ! Pour seul point de repère, là-bas, à un demi-kilomètre, l'ironique silhouette de mon sacré bonhomme.

Pas à dire, il avait gagné la partie ! Il n'y avait qu'à faire contre fortune bon cœur, à me laisser rejoindre, ou plutôt à le rejoindre moi-même, lâchement, si je ne voulais pas coucher à la belle étoile et le ventre creux. C'est donc ce que je fis, en l'abordant, au reste, d'un air grognon, pour lui demander mon chemin.

Il me répondit d'un ton très affable qu'il n'existait point d'auberge aux environs, que le hameau le plus proche était à cinq lieues, mais que, pour arriver chez lui, il fallait au plus une heure de marche, et qu'il s'estimait trop heureux de pouvoir m'y offrir l'hospitalité.

J'étais rompu. Comment dire non ? Et nous voilà partis à travers les ajoncs et les bruyères; moi, ralentissant le pas par lassitude ; lui, toujours tricotant allègrement avec ses jambes de basset qui semblaient infatigables.

Un vieux, pourtant, et gringalet, pas du tout taillé en force, et que j'aurais renversé en soufflant dessus. Mais comme il marchait, l'animal !

Compagnon peu gênant, d'ailleurs, à l'encontre de ce que je m'étais figuré. Lier conversation avec moi, comme je l'avais craint, il n'avait pas l'air d'y tenir le moins du monde. Son invitation faite, mon bref remerciement accepté, il n'avait plus ouvert la bouche. Nous allions silencieux.

Seul, son regard continuait à me persécuter un peu. Je le sentais peser sur moi, entrer en moi, comme s'il voulait forcer l'intimité que refusaient mes lèvres closes. Mais, tout compte fait, ce regard tenace, que j'observais d'un coup d'œil à la dérobée, me paraissait sympathique, même admiratif. Oui, en vérité, admiratif !

Ah ! moi, par exemple, je ne pouvais pas lui rendre la monnaie de sa pièce. Il n'était pas joli, joli, le pèlerin ! Court sur ses pattes et plutôt cagneux. Le buste étroit, maigriot. Une face parcheminée, ravinée, ridée, en pomme cuite, sans un poil de barbe pour en dissimuler les plis peaussus. Une chevelure de vieux frère ignorantin, aux mèches grises traînant sur le collet graisseux. Un nez de fouine. Des yeux de rat.

Enfin, puisqu'il m'offrait la pâtée et la niche, n'est-ce pas ? Il n'avait pas besoin, pour cela, d'être beau.

Pâtée sérieuse, au surplus, et niche confortable ! Un manoir, ma foi, un vrai manoir d'autrefois, très chic ; et, dans la salle à manger, devant la grande cheminée flambante, un dîner, je ne te dis que ça ! Un hochepot, à la mode d'autrefois aussi, cuisant depuis le matin sans doute ! Des salmis de bécasses, que les anges en auraient pris les armes ! Des tartelettes de sarrazin dans de la crème aromatisée d'anis ! Un fromage, chose rare et introuvable en Bretagne, un fromage à dévorer un pain de quatre livres rien qu'à en flairer la peau ! Et le tout arrosé de vieux chambertin authentique, puis d'une eau-de-vie de cidre à croire qu'on avalait le bon Dieu en culotte de velours. Sans oublier les cigares, Havanes purs importés en contrebande, énormes, forts, nullement desséchés, mais au contraire encore frais, à la fumée dense et soûlante.

Et ce qu'il bâfrait, le petit vieux, et ce qu'il ingurgitait, et ce qu'il pétunait ! Un ogre, un chantre, un sapeur !

Moi de même, il faut l'avouer.

Aussi, tout ce que nous avons pu dire, en

gargantuant, je ne m'en souviens fichtre plus ! Nous avons causé, pourtant, certes ! Mais de quoi ? De chasse sans doute. De femmes itou, probablement. Dame ! entre hommes, après boire ! Oui, oui, de femmes, j'en suis sûr. Et il en lâchait de raides, le petit vieux ! Notamment à propos d'un portrait, juché au-dessus de la grande cheminée, et qui représentait son aïeule, une marquise de l'ancien régime. En voilà une qui avait fait ses farces ! A soixante-dix ans, paraît-il, elle avait encore la cuisse gaie !

— C'est extraordinaire, fis-je, comme vous ressemblez à ce portrait.

— Oui, répondit le petit vieux, en souriant.

Et de sa voix chevrotante, aigrelette, il ajouta :

— Je lui ressemble en tout, à ma grand'mère. Je n'ai que la soixantaine : mais je me sens pour dix bonnes années encore le feu au derrière.

Puis, soudain, très attendri, me considérant avec son regard admiratif de tantôt, il dit au portrait :

— Hein ! marquise, quel dommage que vous ne l'ayez pas connu, ce beau garçon-là !

Ce bout de notre conversation, cette apostrophé, ce regard, cela, je me le rappelai fort bien, quand, une heure plus tard, à peu près ivre, je me couchai dans la chambre blanc et or où m'avait conduit un grand valet de large carrure qui me souhaita bonne nuit en breton.

Bonne nuit, soit! Mais il fallait pouvoir dormir, et je ne pouvais pas. Le chambertin, l'eau-de-vie de cidre, les cigares m'avaient bien soûlé, non toutefois jusqu'au point où l'on s'affale, assommé comme une bête. Au contraire, j'étais agité, les nerfs à fleur de peau, le sang battant la charge, dans un demi-sommeil où je me sentais très vivant, tout l'être en vibration et en expansion comme si j'avais pris du haschisch.

Allons! Bon! Evidemment, c'est cela, je rêve tout éveillé. Voilà que je vois, oui, je vois la porte s'ouvrir, et apparaître la marquise descendue de son cadre. Elle a quitté sa robe à falbalas. Elle est en chemise de nuit. Sa haute coiffure a fait place à un simple nœud de ruban qui tient ses cheveux poudrés en un petit chignon mignon. Mais, à la lueur tremblante du bougeoir qu'elle porte, je la reconnais bien, elle! C'est son minois aux yeux perçants, au nez pointu, à la bouche sensuelle et souriante. Elle me semble moins jeune que sur son portrait. Bah ! Peut-être ! Savoir si cela ne vient pas de la clarté faible qui danse ! Puis, je n'ai pas le temps de me rendre compte, ni de réfléchir à l'étrangeté de cette vision, ni seulement de discuter avec moi-même et de me dire :

— Suis-je soûl perdu, ou bien est-ce un revenant ?

Non, je n'ai pas le temps, vrai ! car la bougie a été brusquement soufflée, et la marquise est dans mon lit et m'enlace.

Une idée fixe, la seule que j'aie, me hante : c'est que la marquise avait encore, à soixante-dix ans, la cuisse gaie. Et je me moque un peu qu'elle les ait, les soixante-dix ans, et qu'elle soit ou non un fantôme ! Je ne pense qu'à ceci :

— L'a-t-elle réellement, la cuisse gaie ?

Ah ! mâtin, oui ! Et plus que gaie ! Folle ! Enragée ! Endiablée ! Elle ne dit rien. Elle agit. Ah ! marquise ! marquise !

Et tout à coup, malgré moi, pour me convaincre que je ne suis pas en plein fantastique, je m'écrie :

— Mais, nom de Dieu ! pourtant, je ne rêve pas.

— Non, non, tu ne rêves pas, me répond

une bouche qui cherche à se poser sur la mienne.

Horreur! cette bouche pue le cigare et l'eau-de-vie! Cette voix est celle du petit vieux!

D'un bond, je l'envoie rouler par terre et je saute à bas du lit, en gueulant :

— Cochon! Bougre de cochon!

J'entends claquer la porte, et derrière, dans l'escalier, clapoter des pieds nus qui se sauvent.

A tâtons, je m'habille, puis je descends, toujours gueulant.

En bas, dans le vestibule où pointait le petit jour, se tenait le grand valet à large carrure. Il avait au poing une trique énorme. En breton il gueulait aussi, et du doigt me montrait la porte ouverte, devant laquelle m'attendait mon chien.

Quoi dire au sauvage qui ne parlait pas français? Fallait-il affronter sa trique? Pourquoi? Puis j'étais plus honteux encore que furieux. Vivement je ramassai mon fusil et mon carnier, posés dehors sur les marches, et je pris la fuite sans me retourner.

Dégoûté de la chasse dans ce pays, je rentrai à Brest le jour même, où timidement, avec d'infinies précautions, je tâchai de me procurer quelques renseignements sur le personnage qui...

— Ah! oui, je sais, me dit enfin un des questionnés, vous parlez du manoir de Kervénidozec, où habite la vieille comtesse qui s'habille en homme et qui couche avec son cocher.

Et c'est avec un profond soupir de soulagement que je répondis, au grand ahurissement de mon interlocuteur :

— Ah! tant mieux!

JÉROBOAM

JÉROBOAM

Il eût fallu être bien mauvaise langue pour prétendre, et même pour insinuer que le révérend William Greenfield, vicaire de Saint-Sampson (Tottenham, 783, L. W.), ne rendait pas parfaitement heureuse mistress Anna Greenfield, sa femme. En douze années de mariage, il l'avait honorée de douze enfants. Pouvait-on, décemment, demander davantage à un saint homme?

Saint jusqu'à l'héroïsme, en vérité! Car mistress Anna, douée de qualités inappréciables et d'incomparables vertus qui en faisaient le modèle des épouses et le parangon des mères, au moral, n'avait pas été aussi bien partagée physiquement.

Pour tout dire, elle était hideuse.

Sa chevelure, raide quoique peu abondante, arborait la couleur nationale du *half-and-half*, mais d'un *half-and-half* trouble et comme déjà bu à plusieurs reprises.

Son teint, à la fois terreux et couperosé, semblait avoir été pétri de sable où l'on aurait émietté de la brique.

Ses dents, longues et projetées en avant, avaient l'air de vouloir s'arracher de leurs alvéoles, pour fuir cette bouche sans lèvres, dont l'haleine sulfureuse les jaunissait. On comprenait que les malheureuses se faisaient de la bile, là dedans.

Ses yeux en faïence regardaient vaguement, l'un très à droite, l'autre très à gauche, en strabisme divergent et effaré, sans doute pour ne point apercevoir son nez, dont ils avaient honte.

Et il y avait de quoi! Mince, mou, long, pendant, blême, et terminé par une boule violâtre, il évoquait irrésistiblement l'idée d'un membre innommable ailleurs que dans un traité de médecine.

Quant au corps de la pauvre mistress Anna, il se trouvait être, par une inconcevable ironie de la nature, tout ensemble maigre et flasque, ligneux et mafflu, sans avoir ni les élégances de la sécheresse, ni les grâces rebondies du bien-en-chair. On eût dit un corps autrefois adipeux, maintenant dégraissé et déboursouflé, et dont l'enveloppe était restée flottante, suspendue aux articulations de l'armature.

Elle n'avait, évidemment, que les os et la peau ; mais elle avait en même temps trop d'os et trop de peau.

On le voit, le révérend avait fait son devoir, tout son devoir, plus que son devoir, en sacrifiant douze fois sur cet autel. Oui, douze fois, bravement, loyalement ! Douze fois, mistress Anna ne pouvait pas dire le contraire, ni chicaner sur le nombre, puisque les enfants en étaient l'impartial compteur. Douze fois, pas une de moins !

Mais pas une de plus, hélas !

Et voilà pourquoi, en dépit des apparences, mistress Anna Greenfield osait penser, au plus profond de son cœur, que le révérend William Greenfield, vicaire de Saint-Sampson (Tottenham, 783, L. W.), ne l'avait pas rendue parfaitement heureuse.

Elle le pensait d'autant plus que, depuis quatre ans déjà, elle avait dû renoncer même à l'espoir de ce sacrifice annuel, si léger et si fugitif autrefois, et désormais tombé en désuétude. Au douzième enfant, en effet, le révérend avait formellement déclaré ceci :

— Dieu a béni notre union, ma chère Anna. Nous avons atteint le chiffre sacré des douze tribus d'Israël. Persévérer maintenant dans l'œuvre de chair, serait de la débauche. Vous ne voudriez pas, je suppose, que le révérend William Greenfield, vicaire de Saint-Sampson (Tottenham, 783, L. W.), achevât, grâce à vous, sa vie exemplaire dans les pratiques de la luxure.

Mistress Anna rougissante avait courbé le front; le saint homme, avec le légitime orgueil de la vertu enfin récompensée, avait poussé vers le Seigneur un *ouf* pareil à celui des Hébreux sortant d'Egypte.

Modèle des épouses et parangon des mères, mistress Anna était restée, sans se plaindre à personne, confite dans sa désolation, depuis quatre ans. Elle se contentait de demander à Dieu, en d'éloquentes prières, qu'il voulût bien inspirer au révérend le désir de recommencer une nouvelle série de douze tribus.

Entre temps, pour rendre ses prières plus efficaces, elle s'ingéniait à fomenter ce désir culinairement. Elle n'y épargnait rien, et gorgeait le saint homme des nourritures les plus épicées : soupes au lièvre, à la queue de bœuf marinée dans le madère, à la tortue verte ; purées de champignons, de culs d'artichauts, de céleri, de raifort ; sauces ravigotées de poivrons, de piments, de truffes, d'achars en chou palmiste ; viandes noires en salmis saupoudrés de cayenne ; homards accommodés au *curry* le plus diabolique ; *hot-pies* de rognons de coqs, crêtes, laitances ; gâteaux où l'on mâchait la vanille à même ; tartelettes bourrées de gingembre ; le tout arrosé de bières fortes et de vins généreux, *scotch ales*, *clarets*, champagnes doubles extra *dry*, sans compter le *brandy*, le *whisky*, le *gin*, enfin l'innombrable armée de spiritueux dont l'alcoolique Angleterre aime à se fouetter le sang.

Et le révérend, en effet, avait le sang fouetté. Un sang qui lui pétait aux oreilles, aux joues, au nez, faisant de celles-là deux coquelicots épanouis, de celles-ci une paire de pivoines, et de son pied de marmite une formidable tomate en trompette.

Mais Dieu demeurait quand même inflexible, et le révérend demeurait ininflammable à mistress Anna, qui continuait à se morfondre, rêveuse, devant l'inutile magnificence de ce turgide appendice nasal, toujours, seul, hélas ! à se manifester ainsi en trompette.

Elle en devenait de plus en plus sèche, et en même temps de plus en plus flasque, et en arrivait presque à perdre confiance en Dieu, quand, il y a quinze jours, le Seigneur lui envoya une inspiration. Etait-ce bien le Seigneur? N'était-ce pas plutôt le Diable? Elle ne voulut pas approfondir, trouvant l'inspiration bonne.

Or, voici ce que lui avait soufflé le Très-Haut, ou le Malin :

— Va visiter l'Exposition universelle. Tu en rapporteras peut-être le secret de te faire aimer.

Et il faut croire que, décidément, le sort la favorisait; car, tout de suite, le révérend accorda la permission demandée; et tout de suite, en arrivant à l'Esplanade des Invalides, mistress Anna tomba chez les danseuses algériennes; et tout de suite elle s'écria en les voyant :

— Voilà qui remettrait au cœur de William l'impérieux besoin de donner l'essor à une treizième tribu !

Mais comment le faire assister, lui, à cette abominable orgie de chair? Car l'honnête mistress Anna ne se dissimulait point que c'était là une infernale *exhibition*, et combien le révérend serait scandalisé au luxurieux babylonisme de ces ventres en rut et de ces fesses en délire.

A présent, la vicairesse n'avait plus aucun doute sur l'Esprit qui l'avait guidée vers ce pandémonium. C'était sûrement le Diable! Mais elle ne pouvait plus reculer. Une inspiration nouvelle lui était venue, et elle la suivrait quand même, tant pis!

Et pendant douze jours vous avez pu la voir, la longue mistress aux dents jaunes prêtes à s'évader de sa bouche sulfureuse, la pauvre femme aux cheveux rares couleur de bière vomie, aux pâles yeux louchant, au teint terreux et couperosé, au triste nez innommable ailleurs que dans un traité de médecine, vous avez pu la voir attentive, curieuse, extasiée, devant le roulis de hanches des Algériennes.

Mistress Anna Greenfield apprenait.

Et l'autre soir, à peine débarquée à Londres elle se précipitait vers la chambre du révérend, se déshabillait en un tour de main, et lui apparaissait, pour la première fois de sa vie, dans toute l'horreur de sa nudité.

— Voyons, voyons, balbutia le saint homme

êtes-vous devenue folle, mistress Anna? Quel démon est en vous? Pourquoi m'infliger la honte d'un tel spectacle?

Mais elle n'entendait rien, et ne répondait rien non plus, et se mit soudain à rouler des hanches, elle aussi, comme une Almée.

Le révérend n'en pouvait croire ses yeux. Il ne pensait même pas, dans sa stupéfaction, à les couvrir de sa main, ni seulement à les fermer. Il regardait hébété, ahuri, en proie à l'hypnotisme de la laideur.

Il regardait aller et venir, monter et descendre, se trémousser, se tortiller, se rider en flux et reflux extraordinaires, ces vagues de peau clapotantes autour de ces échalas.

Il regardait tourbillonner cette croupe, pareille aux plis d'une culotte trop large, oh! combien trop large!

Il regardait les remous de cette ventrouilloire pareille à une outre dégonflée dans laquelle on eût secoué des noix.

Il regardait les envolements de drapeau, les affaissements de vieux bas, les zigzags flatueux de ces molles bourses mammaires qui, tantôt contre les côtes, tantôt au creux du nombril, tantôt derrière le dos, battaient la mesure en faisant flic-flac.

Il regardait, et longtemps il demeura immobile, sans avoir la force d'articuler une phrase. Il murmurait seulement à voix basse :

— Douze fois, Seigneur ! Dire que douze fois !... Douze ! douze ! douze !

Cependant, mistress Anna était tombée, épuisée, haletante, en se disant :

— Dieu soit loué ! William a l'air égaré qu'il avait autrefois, les jours où il m'honorait. Dieu soit loué ! Il y aura une treizième tribu, et ensuite une nouvelle série de tribus, car William est méthodique.

Mais William prit une couverture et la jeta sur mistress Anna, en la foudroyant de ces dures paroles :

— Vous ne vous appelez plus Anna, mistress Greenfield. Désormais vous avez nom Jézabel. Je regrette d'avoir mêlé douze fois mon sang à votre sang impudique.

Puis, pris de pitié, il ajouta :

— Si seulement vous étiez en état d'ébriété, d'*intoxication*, j'excuserais...

— Eh bien ! oui, oui ! s'écria-t-elle repentante, oui je suis dans cet état... Pardonnez-moi, William. Pardonnez à une malheureuse *intoxiquée*.

— Je vous pardonne, mistress Anna, reprit-il.

Et il lui apporta une cuvette en disant :

— Voici de quoi vous soulager, mistress Anna. Et quand vous aurez la tête libre, souvenez-vous de la leçon qu'il faut tirer de cette aventure.

— Quelle? demanda-t-elle d'une voix humble.

— C'est, répondit-il, qu'on ne doit jamais sortir de ses habitudes.

— Mais vous, William, insinua-t-elle timidement, pourquoi donc avez-vous perdu celle...?

— Taisez-vous! s'écria-t-il, taisez-vous, Jézabel! Votre *intoxication* vous reprend-elle encore? J'ai eu, en effet, pendant douze années, l'habitude de multiplier une fois l'an. Mais depuis quatre ans j'ai une autre habitude, dont je ne veux plus me départir.

Et le révérend William Greenfield, vicaire de Saint-Sampson (Tottenham, 783, L. W.), le saint homme au sang fouetté d'épices, aux oreilles en coquelicots épanouis, au nez de tomate en trompette, laissa là mistress Anna pour aller, en effet, comme c'était son habitude depuis quatre ans, coucher avec Polly, la bonne.

— Attention, Polly, fit-il en entrant. Vous êtes une fille intelligente. Je vais donc essayer avec vous la dernière invention parisienne.

Et, pour raffiner son plaisir, comme il était facétieux, il l'appela sa petite Jézabel, et lui dit avec un onctueux sourire :

— Appelez-moi Jéroboam ! Vous ne comprenez pas pourquoi ? Moi non plus. Mais cela ne fait rien. Otez tout votre linge, Polly, et appelez-moi Jéroboam.

TABLE

Pft! Pft!	3
Une aventure	15
Immoralité	29
L'homme aux yeux pâles	41
La comtesse Satan	53
La Morillonne	65
Le Malais	75
Vieille baderne	87
En moins de temps qu'il n'en faut pour l'écrire	113
Correspondances	191
L'assassinat du pichet qui piche	201
Ivres-morts	215
Mademoiselle	231
Une bonne affaire	243
Violé	255
Jéroboam	267

www.ingramcontent.com/pod-product-compliance
Lightning Source LLC
Chambersburg PA
CBHW050629170426
43200CB00008B/938